ドイツのスポーツ都市

健康に暮らせるまちのつくり方

高松平蔵
ドイツ在住ジャーナリスト

Sport - Stadt - Gesundheit

Heizo Takamatsu

学芸出版社

はじめに

経済・政治・社会とともに変化するスポーツの役割

一言でスポーツといっても、その関わり方は多種多様だ。自らプレイする人、観戦者やファン、教育者として指導をしている人、あるいは地域づくりとして取り組む人、ビジネスの対象にしている人もいる。このように様々な人が様々な目的で取り組むスポーツは常に経済や政治、社会と伴走してきた。

当然のことながら、経済・政治・社会は時代によって変化し、個々人の価値観や行動にも影響を及ぼす。これらと深く関わり合っているスポーツのあり方もまた然りだ。例えば、日本でスポーツを始めるきっかけとしてまず挙げられるのが、学校の部活動である。そこでは、指導者や先輩には絶対服従の人間関係、勝利至上主義などに重きを置く「体育会系」ともいうべき価値観が日本のスポーツ文化を形づくってきた。ただし、これが行き過ぎて体罰や暴力などに至るケースも多々あり、近年では批判的な見方が増えつつある。

一方、スポーツは経済とも相性がよい。プロスポーツは経済効果の高いコンテンツであり、とりわけ日本のスポーツでは野球やサッカー、（スポーツに入るかどうかという議論は別として）相撲などがテレビ中継され、スター選手を生み出し、様々なビジネスが派生している。

また政治においては、安倍内閣が２０１４年に掲げた「地方創生」をはじめ、「地域の活性化」が大きくクローズアップされる中でマラソン大会やスポーツイベントなどで地域外から人を呼び込み、活性化につなげようという取り組みも多くの自治体で実施されている。

「外」に働きかける日本、「内」を充実させるドイツ

本書では地方都市の発展要因としての「スポーツ」や「健康」に着目するが、ドイツの地方都市ではスポーツに対して様々な価値や機能が見出される。対して、日本の地方都市におけるスポーツの取り組みを見ると、ツーリズムや集客といった観点から、都市の外に働きかけ、人を呼び込もうとする傾向が強い。

スポーツに限らず日本では一般的に「万博モデル」とでもいうような、集客に価値を置く考え方が広く支持されているようだ。１９７０年に大阪で行われた万博の成功が発端となり、イベントの成否が集客による経済効果で判断され、地方のスポーツ政策においても賑わいを呼ぶイベントが頻発される。

一方、ドイツはどうだろうか。もちろん、ドイツでも外から集客することを狙ったイベントも開催されているし、それは増加傾向にある。とはいえ、どちらかといえば、都市の内側、つまりそこで暮らしている人々の常態をよりよいものにしようという意識がまだまだ強い。

こういう日本とドイツの傾向の違いは、筆者の暮らすドイツ中南部のエアランゲン市（バイエルン州）というまちを中心に取材を重ねる中で認識するようになった。

ドイツという国は、日本では想像できないくらいに地域の自律性が強い。例えばエアランゲン市は人口11万人と、日本の地方都市にはよくある規模だが、雇用吸収力が高く、1人当たりのGDPもドイツ国内平均より高い。文化や教育、福祉、そしてスポーツといった、「生活の質」を高めるアクティビティや施設も充実している。中心市街地の景観も維持されており、歩行者ゾーンには家族や友人、カップルが連れ立って歩いている。それゆえ、日本のまちづくり関係者が同市を訪問した際には、「なぜ、平日でもこんなに賑わっているのか」と驚きを隠さない。しかし、こうした光景は、エアランゲン市のみならず人口1〜2万人規模の都市でも普通に見られる。まちの賑わいはイベントでつくるものではないのである。

フェラインというまちを盛り上げるしくみ

ドイツでは、なぜ地方都市に経済力があるのか。なぜ中心市街地が賑わっているのか。なぜ生活の質が高いのか。そのメカニズムの中心にあるのが、「市民の自発的な活動」である。ボランティアや社会・政治運動など様々な自発的な活動を支えているのが「フェライン」と呼ばれる非営利法人（ＮＰＯ）だ。このフェラインにもまた、日本とは桁違いの規模と長い歴史があるのだが、とりわけスポーツに関するフェラインが多い。例えば人口11万人のエアランゲン市には７４０以上のフェラインがあるが、そのうち100程度がスポーツ分野だ。それらが、日本で「スポーツクラブ」と紹介される組織である。

この数の多さが、筆者がドイツのスポーツに関心を持った理由であり、本書執筆の出発点である。もし日本で「若い頃は体操をしていました」というと、十中八九、学校で体操部に所属していたのかと思われる。それに対してドイツでは、スポーツクラブ（フェライン）に通っていたのだと相手は理解する。ドイツでは、それほどまでにスポーツクラブの数が多く、生活に密着しているのだ。

スポーツは都市の重要な要素

ドイツの地方都市の自律性の高さは、都市の質を独自に追求していくことにつながっている。そのメカニズムは、様々な人々や組織が相互に連関することで成り立っている。一言でいえば、都市には一種のエコシステムがあり、その中にスポーツという要素も含まれているのだ。このエコシステムを動かしているのは個人や組織であるが、重要なのは、そのエコシステムを方向づけるのは、文化や価値観、伝統、デモクラシーであるということである。

本書では、エアランゲン市を中心にドイツ各地の事例を取り上げながら、スポーツや健康に関する取り組みが都市のエコシステムとしてどのように機能しているか、そしてエコシステムを方向づけるものは何かについて、様々な切り口から論を進めていく。それを通して、スポーツが都市の重要な一部であること、スポーツの多くが都市の「外側」に対してでなく「内部」に働きかけるものであること、そしてスポーツが社会を形づくるエンジンの一つであるということが見えてくるだろう。

※ユーロ↓円の換算については、ドイツでの生活における物価感覚が実際のレートと異なり、1ユーロ＝100円程度であるため、本書ではそれにならって表記している。

目次

5章 スポーツが地域経済に与えるインパクト — 143

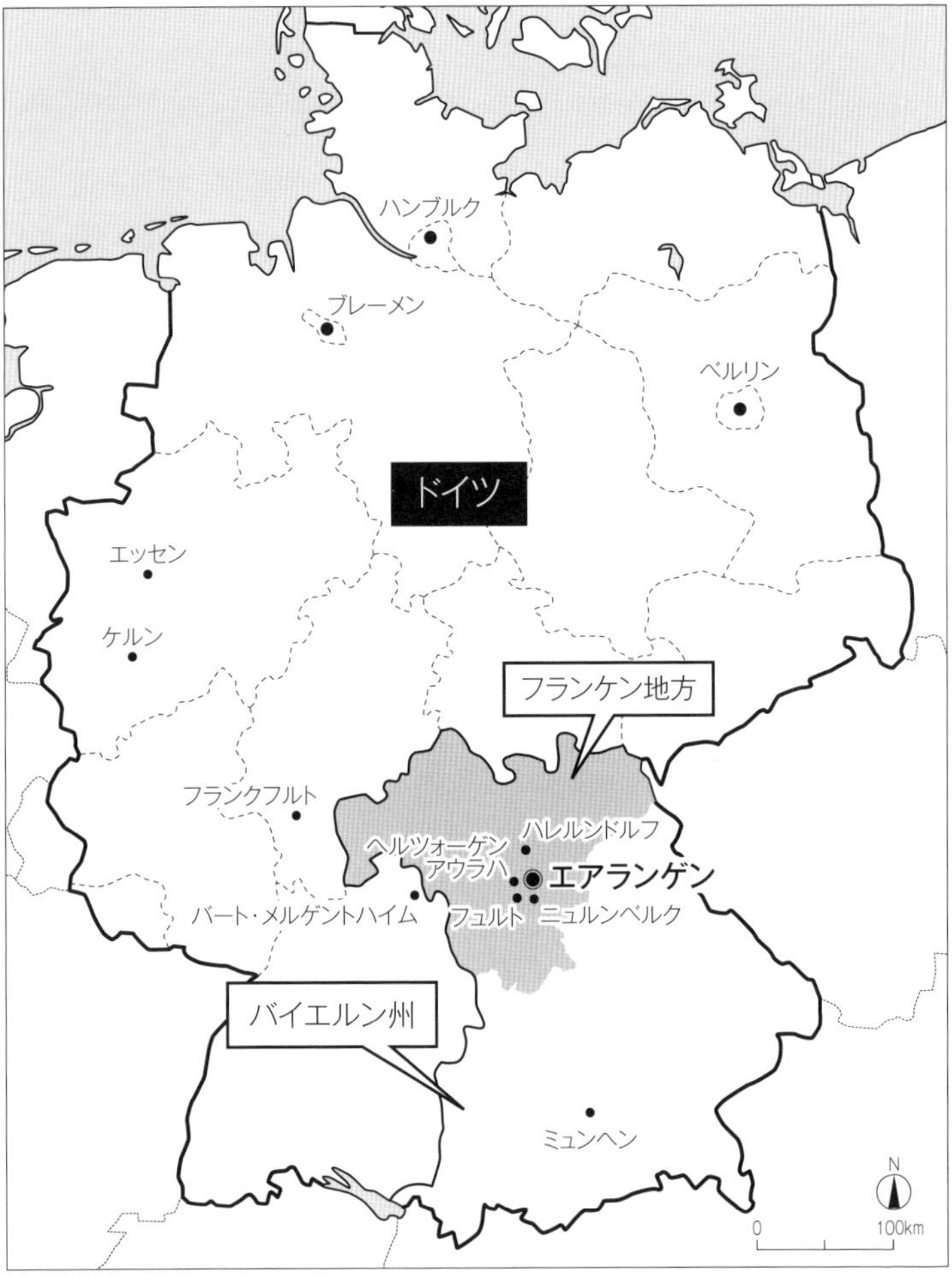

ハンブルク
ブレーメン
ベルリン
ドイツ
エッセン
ケルン
フランケン地方
フランクフルト
ハレルンドルフ
ヘルツォーゲン
アウラハ
エアランゲン
バート・メルゲントハイム
フュルト
ニュルンベルク
バイエルン州
ミュンヘン
N
0
100km

1 章

スポーツクラブというコミュニティ

1　ドイツのスポーツクラブとは

スポーツ文化を牽引してきたスポーツクラブ

「スポーツクラブ」と聞いて、読者の皆さんは何を想像するだろうか。最新の運動機器が並び、筋力トレーニングをするような会員制のスポーツクラブやフィットネスクラブを思い浮かべる人が多いのではないだろうか。もしくは、学校でのクラブ活動や部活動と考える人もいるかもしれない。しかし、ドイツのスポーツクラブはそのどちらでもなく、日本社会から見るとイメージしにくいものだ。そこで、ドイツのスポーツクラブがどのようなものなのか概観してみよう。

ドイツのスポーツクラブは「登録フェライン（Eingetragener Verein）」と呼ばれる法人の形態をとっている。フェラインという単語には古くから「協会」「クラブ」といった定訳があり、英語のアソシエーションに相当する。日本のNPO（特定非営利活動法人）と考えると理解しやすいだろう。もっとも、フェラインと日本のNPOとではその成立過程も年代もまったく異なるのだが、ともあれ、企業でもなく、学校内の部活動でもなく、NPOのような運営組織である。

図1は、ドイツ国内のフェラインの活動分野の割合を示したグラフである。スポーツが23%を占めており、他分野に比べてもその比率が大きいことが見てとれる。なお、スポーツクラブをドイツ語の発音にできるだけ忠実にカタカナ表記すると「シュポルトフェライン（Spotverein）」（ある

いは「シュポルトフェルアイン」「シュポルトフェアアイン」）となるが、本書では日本の読者にわかりやすいように「スポーツクラブ」と表記することとする。

さて、そんなドイツのスポーツクラブの数は約9万にのぼる。ドイツにはそもそもフェライン自体が60万程度あるのに対して、日本のNPOは約5万2000（2018年時点）にすぎない。まさに「桁違い」だ。このようにフェラインはドイツ社会をつくる役割を果たしているのである。

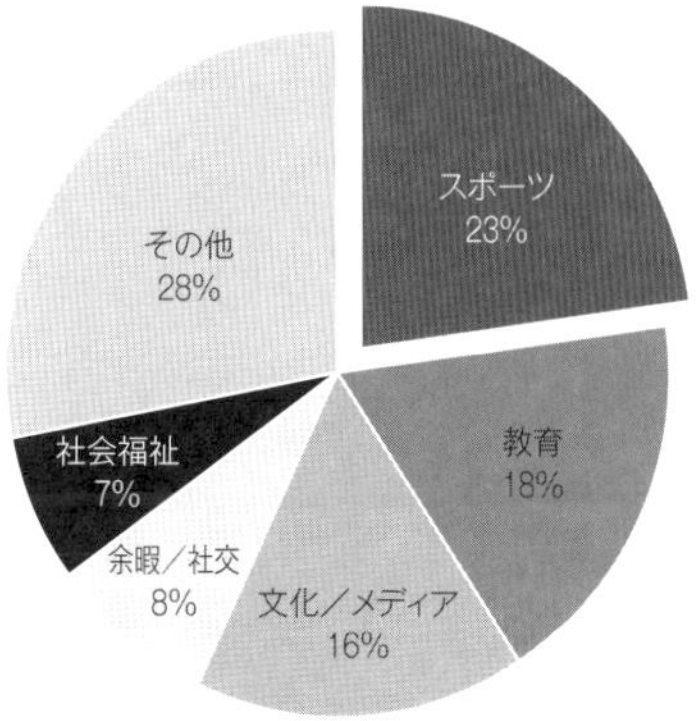

図1　フェラインの活動分野の割合
（出典：2017年のZiviZ-Surveyをもとに作成）

また、ドイツのスポーツクラブの歴史は19世紀にさかのぼる。もちろん、時代の変化とともにスポーツクラブも変化してきたが、これだけの歴史を有するため、スポーツ文化のコアとなる役割を担う存在だ。

国民の約3割がスポーツクラブに所属

ドイツ国内に9万以上あるスポーツクラブだが、ドイツ・オリンピック・スポーツ連盟によると、その中で有給のボードメンバー（役員）がいるクラブはわずか4・4%、有給スタッフを置いているところは30%程度である（2017年）。これらの数字から、いかにボランティアベースで成り立っているかがわかる。

各クラブのメンバー数を見てみると、１００人以下のクラブが47%と最も多く、１０１～３００人が29%、３０１～１０００人が20%と続く。１００１人以上のメンバーがいるクラブはわずか４%しかない（図２）。

そのようなスポーツクラブに所属するメンバーの数は、合計約２３８０万人を数える。ドイツ全体の人口が８２００万人余りであり、国民の３割近くが何らかのスポーツクラブのメンバーだということになる。

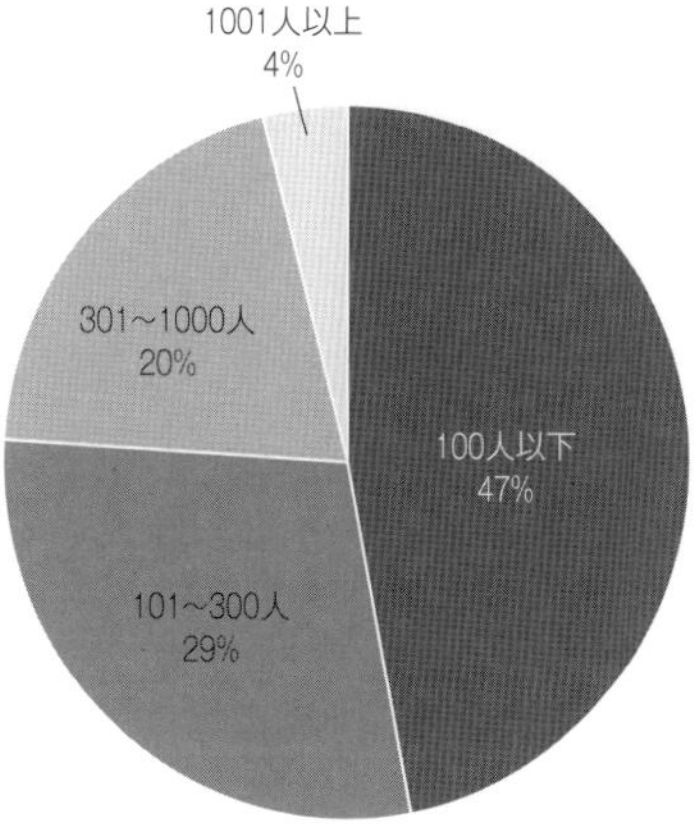

図２　スポーツクラブのメンバー規模の割合
（出典：ドイツ・オリンピック・スポーツ連盟の 2017 年の統計資料をもとに作成）

ドイツは16の州からなる連邦国家である。ベルリン市やブレーメン市などは州であると同時に市でもあるという「都市州」になる。その一方で、ノルトライン＝ヴェストファーレン州やバイエルン州などの大きな州は、小国の多いヨーロッパの感覚でいうと国家規模の人口を抱えている。州別に見ると、ノルトライン＝ヴェストファーレン州が最もスポーツクラブの多い州だ。対して、人口比からいえば、ザールラント州が州内人口の37%の人が何らかのクラブに所属しており、その点では最もスポーツマンの多い州である（図３）。

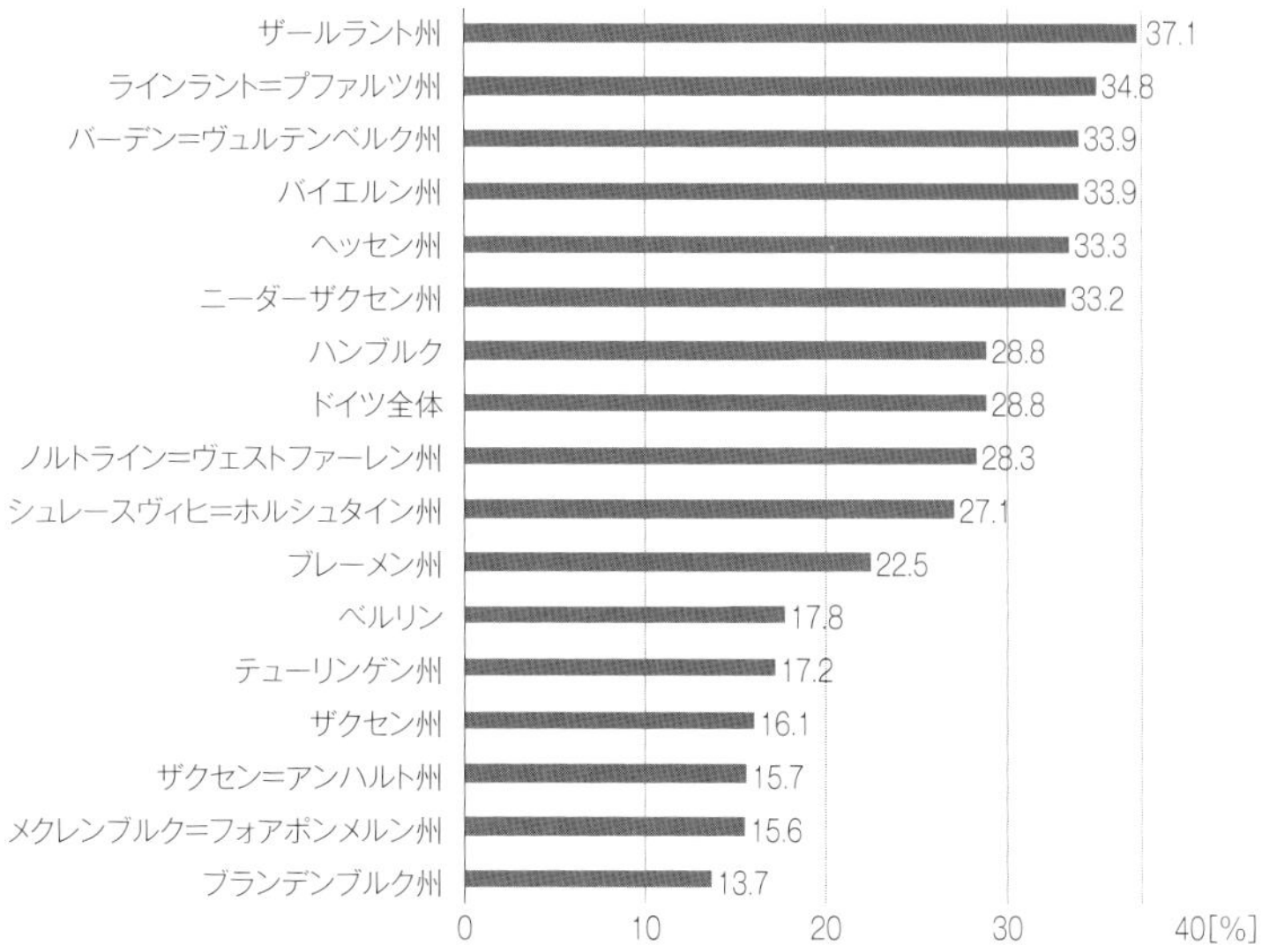

図3　州別人口に対するクラブ加入者の比率
（出典：ドイツ・オリンピック・スポーツ連盟の2017年の統計資料をもとに作成）

さらに、気になるのが旧東西ドイツの違いである。ブランデンブルク州をはじめとしてメクレンブルク＝フォアポンメルン州、ザクセン＝アンハルト州、ザクセン州、テューリンゲン州の五つの州とベルリンの一部が旧東ドイツに当たるが、１９９０年に統一を果たしたものの、経済をはじめとして様々な指標で東西格差は今なお残っている。先述のとおり、スポーツクラブは19世紀に創設され、国が東西に分かれる前から存在してはいたが、図3を見ても旧西ドイツの州に比べて旧東ドイツの州のクラブ加入者の比率は低く、いずれも20％以下で、ドイツ全体平均の29％を大きく下回っている。

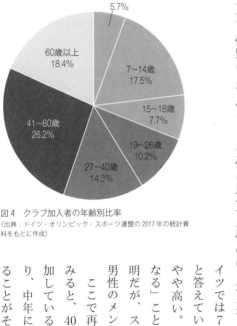

全世代が加入しているスポーツクラブ

ドイツのスポーツクラブの特徴は、あらゆる世代がクラブのメンバーになっていることである。年齢別に見てみると、とりわけ7歳から14歳までの子供の7割以上が何らかのクラブのメンバーになっている。この世代をピークに数は減っていくが、図4を見ると、6歳以下から60歳以上まで全世代にわたってメンバーがいることがわかる。

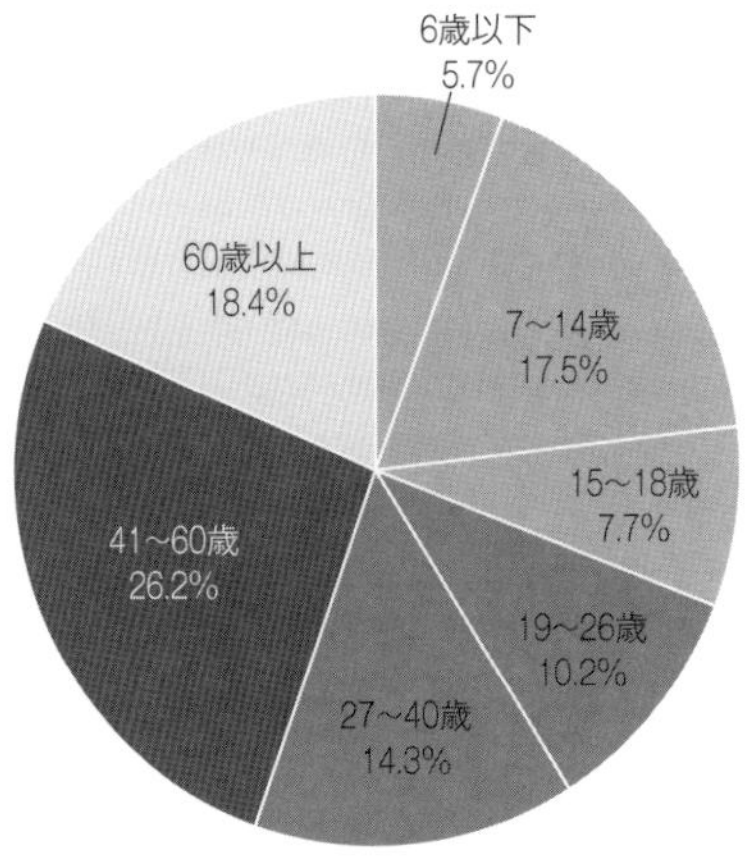

図4　クラブ加入者の年齢別比率
（出典：ドイツ・オリンピック・スポーツ連盟の2017年の統計資料をもとに作成）

一方、性別に見てみると、女性に比べて男性のほうがスポーツに興味を持っている人が多い。ドイツでは7割程度の人がスポーツに興味があると答えているが、男女別に見ると男性のほうがやや高い。「興味がある」ことと「メンバーになる」ことに、どの程度の相関性があるかは不明だが、スポーツクラブの統計でも女性よりも男性のメンバーが多い（図5）。

ここで再びクラブ加入者の年齢別比率を見てみると、40歳以上になると男女とも数がやや増加している点が興味深い。子育てが一段落したり、中年にさしかかり、健康に気遣う人が増えることがその一因と考えられる。また、60歳以

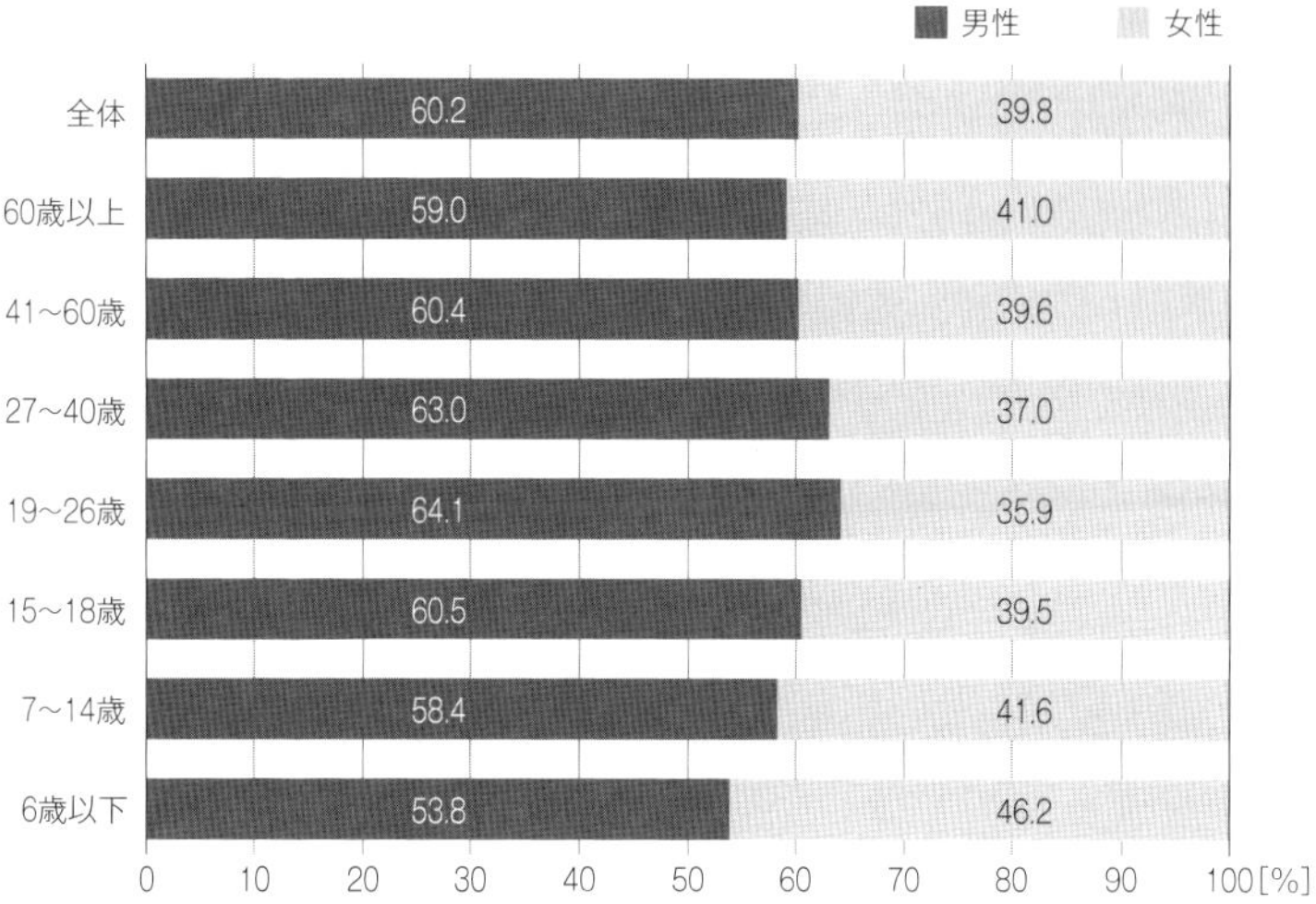

図5　クラブ加入者の男女比（出典：ドイツ・オリンピック・スポーツ連盟の2017年の統計資料をもとに作成）

上のメンバーの比率が18％を占めていることから、高齢にさしかかってもスポーツを楽しんでいる人がそれなりにいることがわかる。

スポーツクラブは人生の学校

メンバー個人にとってクラブとはどのような存在なのだろう。一例として、スポーツクラブ「TV1848エアランゲン」に長年所属しているヴェルナー・アラント氏の「クラブ人生」を見てみよう。

アラント氏は1944年生まれ。70歳を超えた今も、毎週2回、元気に筋力トレーニングに通っている。クラブのメンバーになったのは1960年、16歳のときである。体操競技の映画を見て、自分もやってみたくなったという。それを聞いた両親が、同クラブの体操部門にメンバーとして登録した。以降、定期的にトレー

1979年当時の体操クラブメンバー（右から3番目がヴェルナー・アラント氏、中央がコーチのハンス・ドゥデル氏）
（提供：ヴェルナー・アラント氏）

ニングを行い、試合にも出場。1980年の「クラブチャンピオンシップ」という大会が最後の試合だった。その後も2000年まで体操部門で定期的にトレーニングをしていたが、椎間板ヘルニアを患って以降は筋力トレーニングに移行し、健康のために筋力を強化している。

60年近くクラブに所属しているアラント氏だが、「クラブにはとても満足しているよ。そうでなければ、こんなに長くメンバーでいるわけがない。若い頃は体操家として『新鮮・敬虔・快活・自由でいること』（フリードリッヒ・ルードヴィッヒ・ヤーンの説いた「4F」、詳細は後述）を信条にしていたが、当時に比べると、今のほうがより若く、オープンになっている」と笑う。続けて、「それにクラブが提供するスポーツの種類がどんどん増えて発展してきた。今のクラブではほぼすべてのスポーツ愛好家が自分に適したものを見つけられるよ。しかも、『健康の維持』がきちんと念頭に置かれているところも特に気に入っているね」と語る。

メンバーになった16歳当初、クラブは好きな体操を思う存

クラブで筋力トレーニングに勤しむ現在のアラント氏

分学べる場所だった。とりわけ、当時のコーチには感謝しているという。「コーチは、平行棒や吊り輪競技の技術面はもちろん、競技で自分を証明することを教えてくれた。ほかにも、トレーニングやイベント、ツアーを通じて、仲間意識、チームスピリッツ、責任といったものを学んだ。そういう意味では、クラブは人生の良き学校だったね」と目を細める。

そして、クラブでの活動を通して仲間の輪も広がったという。「若いときは試合であちこち行くと、他のクラブの体操選手や他競技のアスリートとも触れあう機会が増える。そこで友情が芽生えたし、皆で楽しみながら真剣に挑戦する喜びも教わった。今でもそんな『同志』たちとの付き合いは続いているよ」。

今や年金生活者のアラント氏だが、長年ギター職人として働いてきた。その傍らでクラブのメンバーとして、スポーツを楽しみ、学び、そして友情を育んできた姿が浮かび上がる。

もともと、ドイツ人のライフスタイルは、住んでいるまちで育ち、働くのが主流だった。しかし、昨今では大学進学や就職でまちを離れる若者も少なくない。そう意味では、アラント氏の人生はクラシックなスタイルだ。そんな彼の人生には、ティーンエージャーの頃から定年後に至るまでスポーツクラブが常にあった。日本では、定年退職した男性が、その後の日々をどう過ごすか悩むことが多いようだが、アラント氏はそういう悩みとは無縁の毎日を過ごしている。

ドイツでは一般的な「総合型スポーツクラブ」

ドイツのスポーツクラブの特徴をいくつか挙げておこう。

まず、日本ではドイツの「総合型スポーツクラブ」が紹介されることが多い。つまり、一つのクラブで複数の種目を扱うクラブのことである。ただし、筆者が知る限り、「総合型スポーツクラブ」という分類はドイツでは聞いたことがない。20世紀初頭に複数種目を扱う「混合型体操クラブ」が出てくるが、これが日本で「総合型スポーツクラブ」と紹介されたのかもしれない。

それから、いわゆる「総合型スポーツクラブ」の出発点として多いのが体操クラブだ。ドイツ語では「トルゥネンフェライン（Turnverein）」というが、「TV（テー・ファウ）」と略されている（詳細は後述）。ほかにも球技クラブなどを発端とするクラブもあり、略称を見るとどのような競技からクラブが創設されたのかがある程度推測できる。

加えて、クラブ名に創立年の数字がつくパターンも多いのも特徴だ。エアランゲン市で最大のクラブ「TV1848エアランゲン」であれば、名称から1848年に体操クラブとしてつくられたことがわかる。ちなみに、エアランゲン市で「TV」といえば、このクラブのことを指し、文書でも「TV48」と略して表記されることも多い。

2　ブンデスリーガもスポーツクラブ

プロスポーツにもクラブの文化を残す「50＋1ルール」

ドイツのスポーツといえば、サッカーのブンデスリーガを思い浮かべる人も多いだろう。ブンデスリーガとは「連邦リーグ」のことで、実のところサッカー以外の競技にもブンデスリーガは存在している。通常「ブンデスリーガ」といえば18チームで構成される1部を指すが、その下に2部（18チーム）、3部（20チーム）と続く。さらにその下にアマチュアリーガが7部まである。

プロチームがシーズンの戦績によって2部に降格したり、1部に昇格したりするニュースにファンは一喜一憂する。ドイツでは毎週土曜の夜6〜8時にスポーツ番組が放送されるが、その内容の中心はファンの多い1部のブンデスリーガだ。

実は、このブンデスリーガに所属するサッカーチームも、その始まりは意外にも「スポーツクラブ」である。

今日のプロチームは独立した法人で、外部からの出資も受け入れているが、母体に当たるクラブは51％以上の議決権を持っている。つまり、株式の半数以上を母体であるクラブが所有している。これは「50＋1ルール」と呼ばれるブンデスリーガ独自の規制で、ドイツ・サッカー連盟の規約で規定されており、これによって投資家による買収を防止している。その一方で、投資家からの出資がないと成立しないプロスポーツとして、規定撤廃の議論が投資家から起こっている。

ドイツのスポーツクラブには、独自の伝統と文化があり、メンバー間では対等な仲間意識が強い。ブンデスリーガのチームでもその伝統や文化は引き継がれており、それを守ってきたのがこの規定ともいえる。

100年以上続くサッカークラブもめずらしくない

サッカーのブンデスリーガの制度は1963年に発足したが、各クラブの名称から創設年を見ていくと、クラブそのものはこのリーガ発足よりも以前から存在している。また、サッカー以外のスポーツクラブから派生していることもうかがえる。いくつかのブンデスリーガ1部に所属するチームの正式名を、以下に見てみよう。

・シャルケ04（FC Gelsenkirchen-Schalke 04 e.V.）
チーム名の意味：1904年創設のゲルゼンキルヘン市シャルケ地区のサッカークラブ
・ボルシア・ドルトムント（Ballspielverein Borussia 09 e.V. Dortmund）

チーム名の意味：１９０９年創設のプロイセンのドルトムントの球技クラブ
・ハノーファー96（Hannoverscher Sport-Verein von 1896 e.V.）
チーム名の意味：１８９６年創設のハノーファー市のスポーツクラブ
・１・ＦＳＶマインツ05（1.Fussball und Sportverein Mainz 05 e.V.）
チーム名の意味：１９０５年創設のマインツ市で1番目のサッカーとスポーツのクラブ
・ＴＳＧ１８９９ホッフェンハイム（Turn-und Sportgemeinschaft 1899 Hoffenheim e.V.）
チーム名の意味：１８９９年創設のホッフェンハイム地区の体操とスポーツのコミュニティ

例えば、「シャルケ04」は２００４年ではなく１９０４年に創設され、略称の「シャルケ」はドイツ西部の人口26万人余りのゲルゼンキルヘン市内の「区」の名前からとられている。たとえていうなら、「FC Osaka-Abeno 04」と名づけて「阿倍野04」と略しているようなものだろうか。

このように、チーム名に地元の地域名がつけられていることからも、ドイツのサッカーチームは地域密着志向が強いこと、そして、ドイツの名門サッカーチームにもスポーツクラブとしての長い歴史があることがよくわかる。

一方、日本のＪリーグは、地域密着型のサッカー文化を形成するべくブンデスリーガを参考にして設立されたという経緯がある。しかし、「ドイツとは何かが違う」と感じることが多い。その理由としては、Ｊリーグの出自が企業チームであること、そして日本社会での「愛郷心」が、ドイツと異なっていることが挙げられるだろう。ドイツ社会の愛郷心については、前著『ドイツの地方都市はなぜクリエイティブなのか』で詳述しているので、そちらを参照してもらいたい。

3　100のスポーツクラブがある10万人都市

自律性の高いドイツの地方都市

ここまでドイツのスポーツクラブの全体像を見てきたが、以降では各地方都市における状況を概観していこう。

その前に、日本とドイツでは「地方都市」の実状が異なることに触れておく必要があるだろう。中央集権型の日本に対して、ドイツは連邦制であり、歴史的にいえば領邦国家の集まりだった時代が長い。そのため、「(中央に対する)地方」という考え方が基本的にない。地方分権というより地方主権の傾向が強く、「小さな中心」が分散している国と考えると理解しやすいだろうか。

このような地方の自律性に対する感覚の違いに加えて、人口規模も日本とは異なる。ドイツの都市は相対的にその規模が小さく、最も多いのがベルリン市の360万人で、以下ハンブルク市(180万人)、ミュンヘン市(150万人)、ケルン市(110万人)、フランクフルト市(75万人)と続く(連邦統計局、2019年)。しかし、それ以下は50万人以下の規模である。そのような都市のスケール感であるため、10万人規模になれば「大規模都市」と位置づけられる。2〜3万人規模の都市でも、日本の同程度の都市と比べると、都市としての質がかなり違う。

もしドイツの都市に行く機会があれば、事前に人口を確認していくとよいだろう。ベルリン市やミュンヘン市などはさすがに「大都市」という雰囲気があるものの、「有名な観光地」には小さな都市も多い。訪問すると、その美しい街並みと賑わいに触れることになるが、同時に人口の少なさとのギャップを目の当たりにすることにもなるだろう。

では、この都市の質の高さは、どのように形成されたのだろうか。ドイツの都市の歴史を概観すると、都市が一つのモジュールのようなものとして発達してきた経緯がある。中世の都市は防護壁としての市壁に取り囲まれ、その壁の中で人々が暮らし、人的なネットワークを形づくっていた。そこでは、様々な役割を担う人や組織が相互に連関することで、高密度なエコシステムを構築し、それが都市を発展させてきた。スポーツクラブもまた、そのような都市のエコシステムの一部であり、同時にそのエコシステムを動かす役割を果たしているのだ。

「スポーツ都市」を自認するニュルンベルク市

ここで、ドイツ中南部のニュルンベルク市（バイエルン州、人口約50万人）の事例を見てみよう。ドイツのスケール感からいえば、かなり大きな都市であり、ミュンヘン市に次ぐバイエルン州の「第二の首都」と呼ばれる。同市ではナチス党大会がたびたび開催された。その負の歴史的責任

ニュルンベルク市を代表するサッカーチーム「1.FCニュルンベルク」

を果たすため、人権問題にも積極的に取り組む「人権都市」であり、世界最大規模の玩具見本市が行われる「おもちゃの都市」とも呼ばれるなど、複数の顔を持っている。そして、「スポーツ都市」もその一つとして数えられる。

もっとも、何をもって「スポーツ都市」とするかは難しいところで、ドイツ国内ではシュトゥットガルト、リーザ、デッサウといったいくつかの都市も「スポーツ都市」を名乗っている。そんななか、ニュルンベルク市の副市長、ホルスト・フォルター氏は地元紙の取材に対して「スポーツ都市に関する公式の基準はない。しかし、ニュルンベルクはトップレベルのスポーツと草の根レベルの市民スポーツが混在している（だから、スポーツ都市といえる）」（ニュルンベルガー・ナッハリヒテン紙電子版、２００８年８月５日付）と述べている。ちなみに、同副市長は市のスポーツ分野の責任者でもあり、いわば「スポーツ大臣」のようなポジションにある人物である。

さて、「スポーツ都市」としてのニュルンベルク市を見てみると、確かにスポーツ活動が充実している。同市を本拠地とするサッカーチーム「1・FCニュルンベルク」は1900年創設の名門チームだ。最近であれば2009／10年から13／14年までのシーズンではブンデスリーガ1部に所属し、2014／15年以降のシーズンでは2部に甘んじているものの、熱心なファンは多い。またニュルンベルク市にはサッカーのみならず、卓球、バドミントン、スカッシュ、フリスビーといった競技で14のブンデスリーガ1部のチームがあり、加えて女子柔道やダンスといった13の競技チームがブンデスリーガ2部に所属している。競技スポーツの充実ぶりがこの数字からもうかがえる。

フォルター副市長は、前述のインタビューの中で草の根の市民スポーツが多いことも「スポーツ都市」を自認する一つの要素だとしているが、それを支えるスポーツクラブは2017年時点で同市内に289あり、そのメンバー数は11万1842人を数える。つまり、人口の2割程度が何らかのスポーツクラブのメンバーになっている（図8）。

「健康都市」を推進するエアランゲン市

次に、ニュルンベルク市の隣、エアランゲン市を見てみよう。同市では1970年代から人口約10万人程度の時期が長かったが、その後増加し、2015年時点で人口は約11万人である。この都市は筆者の居住地であり、継続的に取材を行っている。それゆえ、「エコシステムとしての都市」としてある程度俯瞰できるため、本書でも同市の事例を中心に取り上げている。

エアランゲン市には、大学のほか、グローバル企業シーメンス社の医療研究開発の拠点があり、フラウンホーファー研究所やマックス・プランク研究所などもある。どちらかといえば静かな大学研究都市という雰囲気の都市だ。

このようなポテンシャルを活かして、1990年代後半から医療技術の推進政策が進められ、特

2005年の年間プログラム「健康都市」の記者会見（左から2番目がシーグフリード・バライス市長）

エアランゲン市が医療技術や健康関連の政策を強化に伴い設立したフェライン「健康・医療エアランゲン」では、健康プログラムなどを推進している学校やスポーツクラブを表彰している

に1999年と2005年に年間キャンペーンとして推進された。これは医療技術の開発のみならず、社会全体に「健康都市」という雰囲気を醸成することを目指した政策であった。スポーツクラブ、フェライン、地元メディアなども協力した。当時の市長であるシーグフリード・バライス博士（任期：1996〜2014年）は、医療技術や健康関連産業に強いことをまちの特色にすることが重要だと考えていた。そのためには単に経済政策的アプローチではだめだということである。

バライス市長は2013年に次のように述べている。「エアランゲン市は教育レベルが高い。80余りの『大規模都市』の中でもトップレベルだ。高い教育を受けた人は健康に敏感で、食生活や運動への関心も高い。そのため、エアランゲン市民の平均寿命はドイツ全国平均より2年ほど長い」。

89種目を扱うスポーツクラブ

エアランゲン市には、約100のスポーツクラブが存在する（図6）。2016年に市が作成したスポーツ関連の資料によると、約6割のクラブが1種目の競技のみを扱っており、残り4割のクラブでは2種目以上の競技を扱っている。そのトップ3を挙げると「TV1848エアランゲン」が47種目、「トゥルナー連盟1888エアランゲン」が28種目、「スポーツクラブ1926エルタスドルフ」が20種目に及ぶ。

市内のスポーツクラブが扱っている種目を合計すると、89種目にのぼる。種目別で見ると、サッカーを扱っているクラブが最も多く、空手や柔道、柔術、気功、合気道、テコンドー、弓道、居合《いあい》

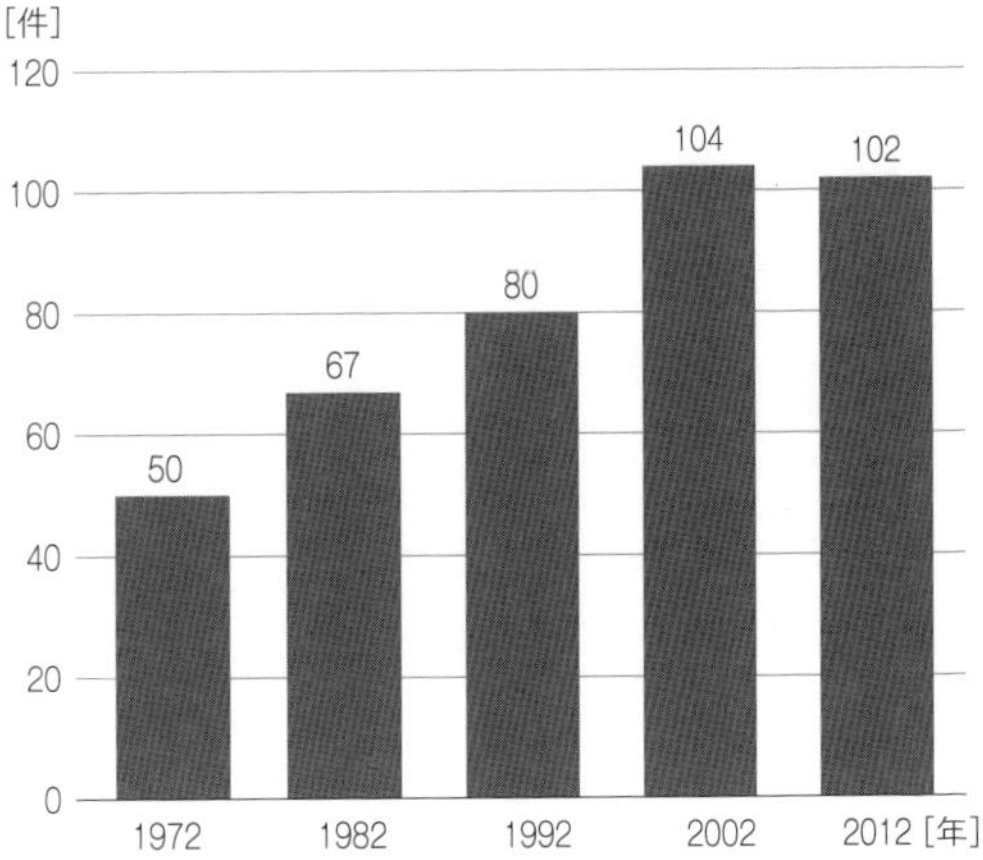

図6　エアランゲン市内におけるスポーツクラブ数の推移
（出典：エアランゲン市スポーツ部設立40周年の資料をもとに作成）

道《どう》といったアジア発祥の種目も扱っている。ほかにも、日本から見ると「スポーツ」のイメージがあまりないビリヤードやチェスといった種目も並ぶ。こうした中世に生まれた遊戯や習慣が、近代に入って法整備がなされた後、クラブとして法人格を取得した。エアランゲン市にも、「王室特権中央防衛会１４５６」という時代を感じさせるクラブがある。誕生したのは15世紀だが、法人として登録されたのは１９００年だ。歴史的なグループが組織の形を変えながら現在まで引き継がれてきた。

伝統的なスポーツといえば、馬術を扱うクラブも市内に７カ所ある。また、変わったところでは、ドイツではほとんど見ることのない野球・ソフトボールを扱うクラブも一つある。さらには、ヨガやウォーキングなど、激しい運動ではなく、体調を整え、リラックスや気晴らしを目的としたクラブや、リハビリ系の「運動」を扱うクラブもある。

加えて、市の資料によると、居合道を扱うクラブは１件だが、柔道を扱うクラブで、同じ日本の

アクロバットな自転車競技

体操

馬上アクロバット

空手

アーチェリー

女子アメリカンフットボール

エアランゲン市のスポーツクラブで行われている多様な種目の一部

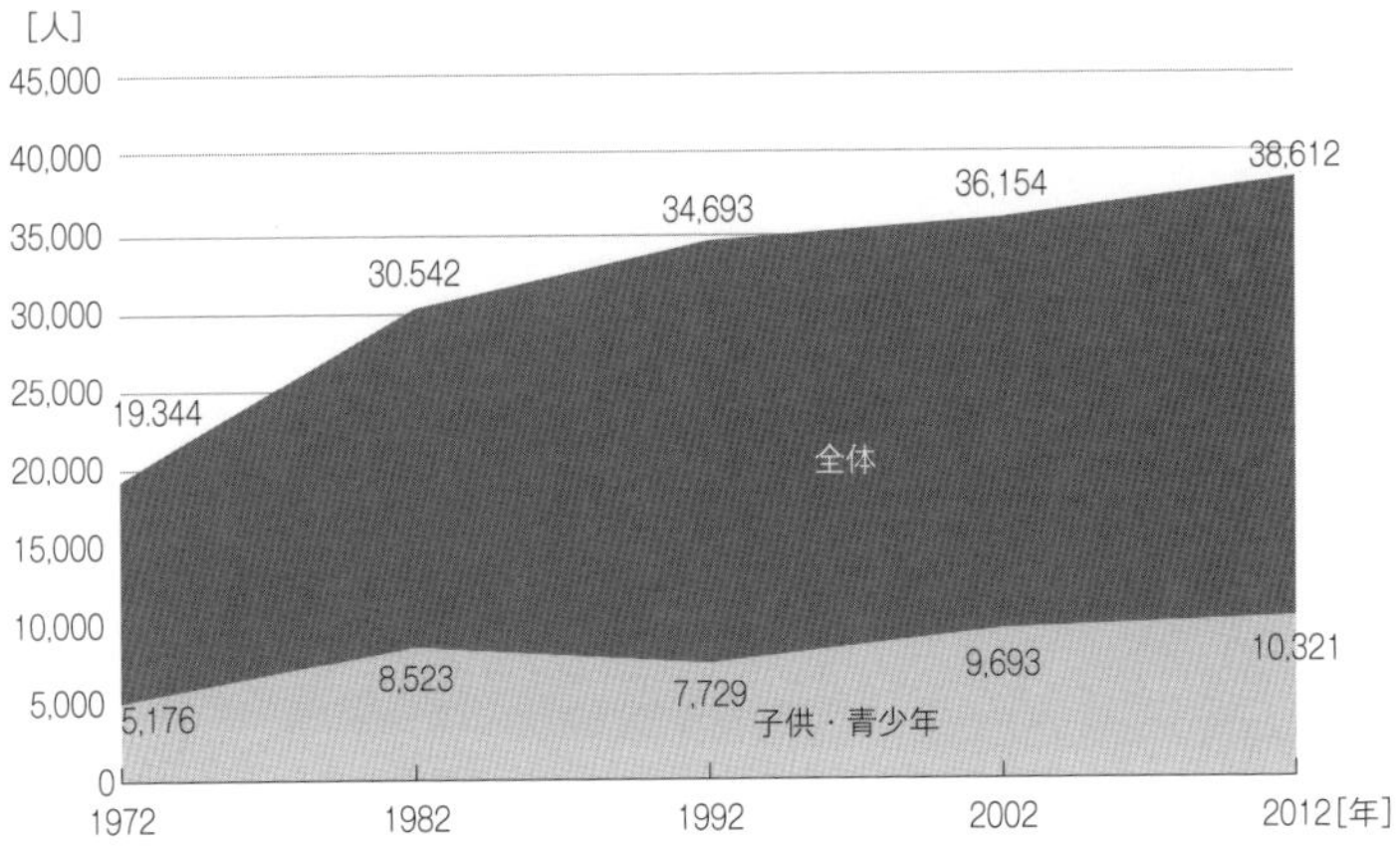

図7　エアランゲン市内におけるスポーツクラブのメンバー数の推移
(出典：エアランゲン市スポーツ部設立40周年の資料をもとに作成)

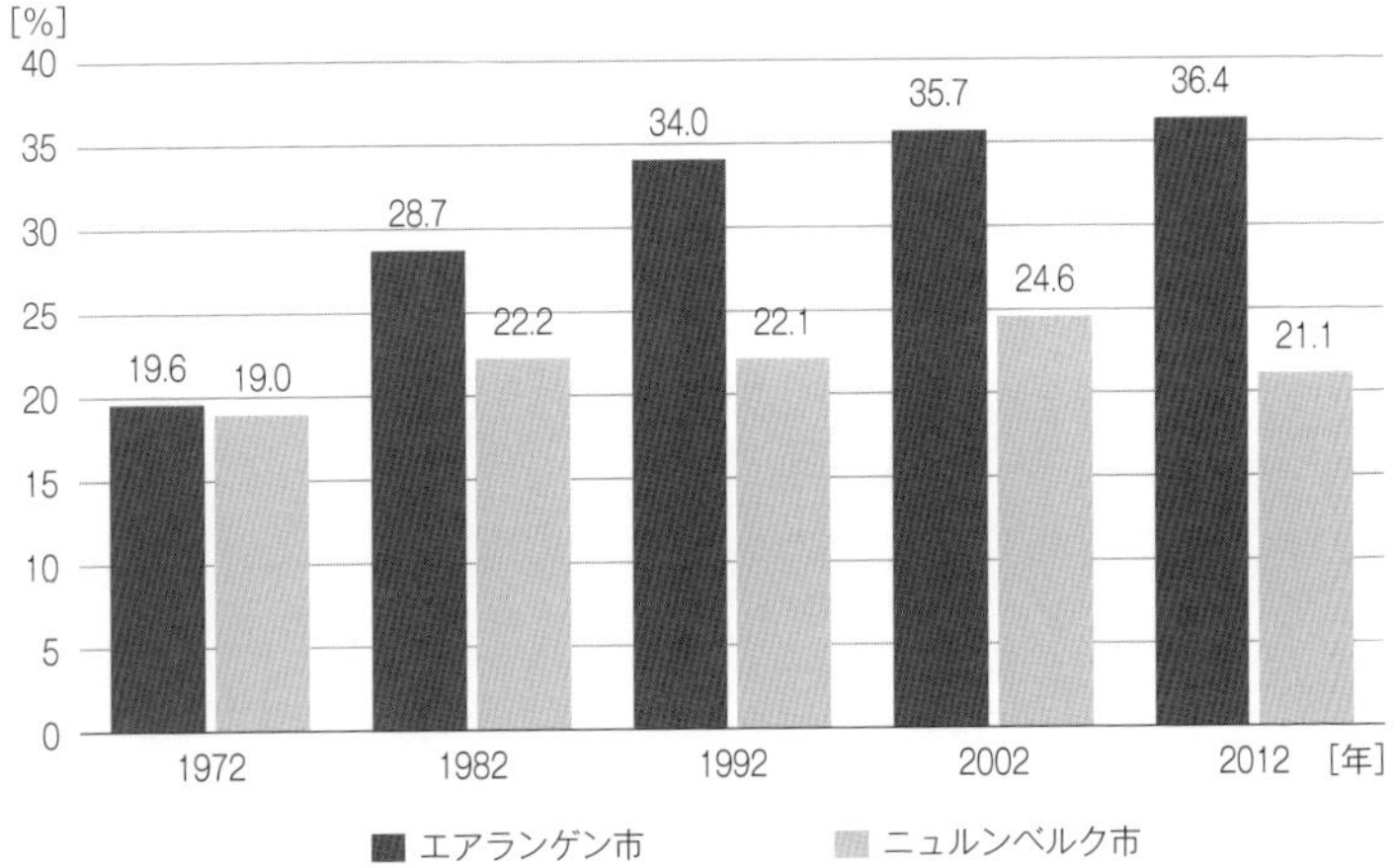

図8　エアランゲン市とニュルンベルク市における人口に占めるスポーツクラブメンバーの割合
(出典：エアランゲン市スポーツ部設立40周年の資料をもとに作成)

武道ということで居合道の小グループをつくっているケースもある。このように公式に発表されたスポーツクラブの提供種目は89だが、実際にはこれ以上の種目が扱われていると考えられる。いずれにせよ、一つの都市内でできるスポーツの選択肢が多いことは明らかだ。

このようなスポーツクラブに所属しているメンバーは約3万8000人（図7）。人口11万人の約3・5割に相当する（図8）。ただし、エアランゲン市の近隣地域に住む人がメンバーになっているケースもあれば、逆にエアランゲンに住む人が近隣地域のクラブに入っているケースもある。

また、エアランゲン市内のスポーツクラブを取りまとめるフェラインに「エアランゲン・スポーツ連盟」がある。同連盟では、市内のクラブにとって好ましい条件を行政に表明したり、社交行事の開催、国際スポーツ大会の推進といった活動を行っている。また、クラブ内で問題が起こった場合には、仲裁を手がけることもある。連盟の代表を務めるマティアス・テュレック氏は、「時々衝突が起こるが、ほとんどが対人関係です。そういうときに連盟がクラブの役に立てるのは嬉しいことです」と語る。

エアランゲン・スポーツ連盟の代表マティアス・テュレック氏

4　社会関係資本としてのスポーツクラブ

スポーツクラブはコミュニティの標準装備

ここまで人口50万人、10万人規模の都市のスポーツクラブ事情を見てきたが、2万人、3万人規模の都市でもかなりの数のクラブがある。例えば5章で取り上げる人口2万3000人のバート・メルゲントハイム市でも、その数は約50程度を数える。

また、もっと小さな村でも、必ずといってよいほどクラブはある。ニュルンベルク市近郊の人口1500人のクラインゼンデルバッハ村は、1062年の文献にその名前を見ることができる、長い歴史と美しい自然を有する村である。村の中にはサイクリングのための標識なども整備されており、観光シーズンにはサイクリングやハイキングでたくさんの人々が訪れる。とはいえ、特別な産業もなく、文化的に特筆すべきものもない小さな村だ。

だが、そのような小さな村であるにもかかわらず、クラブハウスを備えるスポーツクラブがあり、芝生のサッカーグラウンドが2面整備されている。さらに村のはずれには、森に囲まれたサッカーグラウンドがあり、その隣にはバスケットボールとスケートボードを楽しめる場所も整備されている。クラブハウス内には、他のクラブと同様、レストランが設置され、衛星テレビも置かれている。

クラブハウスの周辺には、隣村のスポーツクラブで行われるディスコパーティーの案内も貼られており、隣村との交流も盛んなようだ。また、村には政党、コーラス、スポーツ振興、教会の管理、オートバイ、釣り、カーニバル、伝統音楽、ハイキングなど合計18のフェラインや団体がある。オートバイや釣りに関しては「スポーツクラブ」に分類できるだろう。さらには、ブンデスリーガのサッカーチーム「FCバイエルン」のファンクラブもある。大きな試合があると、村のクラブハウスにファンが集まり、テレビ中継を見ながら盛り上がる。

この村を通るバスは1日5本ほどしかないが、家族向けの新しい住宅が多く、自動車中心の生活で近隣のニュルンベルク市などへ働きにいく人が多い。それでも年間のイベントも多数開催されており、高齢者向けの昼食会、フリーマーケット、サイクリング、音楽会、サマーフェスティバル、クリスマスマーケットなど、小さいながらもコミュニティのための活動が活発に行われている。スポーツクラブはそのような活動の一端を担っており、ドイツ各地のコミュニティで「標準装備」されている存在だといえよう。

ビール祭りも行われるスポーツクラブ

ドイツといえば「ビール」を思い浮かべる人も多いだろう。小さな村ではスポーツクラブで「スポーツ・ビール祭り」が行われることもある。

人口2600人足らずのバイエルン州のホイッヒリング村では、夏の週末に、子供たちのサッ

ホイッヒリング村の「スポーツ・ビール祭り」

カーチームがトーナメント方式で勝敗を競う大会が開催されている。「青少年の週末スポーツ」に「ビール祭り」を組み合わせたイベントで、複数のチームが近隣から集まる。

クラブハウスのレストランでは、子供たちの保護者のほかに、地元の人たちもビールジョッキを傾けている。普段でもスポーツの試合が行われる際、ホスト側のチームが軽食や飲み物を観戦者に販売することがあるほか、試合を見ながらハウス内のレストランでランチをとる人もいる。

ひるがえって日本では、青少年が一生懸命サッカーをしているそばで大人にアルコールを提供することに対して不謹慎だと考える人もいるかもしれないが、ドイツでは子供のイベントを通して大人も交流できる機会がスポーツクラブを軸に実現されている。

クラブハウスは社交場

ある程度の規模のスポーツクラブの大半が、レストランが入居するクラブハウスを所有しており、その使われ方は様々

ビールを片手に会議が開かれるクラブハウス内のレストラン

だ。メンバーによる食事会はしばしばで、仲間同士やクラブメンバーの子供たちのクリスマスパーティーの会場として使われたり、シーズン終了後にはクラブハウスの庭でバーベキューパーティーが行われることもある。ほかにも、外国からスポーツ関係の使節団がやってきた際にも、パーティーが開かれる。よそのまちのクラブと合同トレーニングなどを行った後にも、その交流の場はクラブハウスのレストランだ。

エアランゲン市最大のクラブ「TV1848エアランゲン」のスポーツ施設の一つに、1902年に建てられた「ヤーンハレ」がある。施設内には、体育館や柔道場、筋力トレーニングルーム、サウナが整備され、2階には建設された当時の状態を残し、古い写真や旗、紋章などを飾った「歴史的部屋」と名付けられた部屋がある。そして、1階のレストランでは夏場には庭で食事をとることもでき、開放的な雰囲気が実に魅力的だ。

また、ドイツでは、10年ごとの節目の年齢に大きな誕生パーティーを開く人が多い。とりわけ30歳や50歳の節目は盛大に行う。長年クラブに所属し、人望の厚いリーダー格の人になると、50歳の誕生日にはクラブのレストランを借り切り、メンバーはもとより、家族やメンバー以外の友人も集まり、深夜までパーティーを開くこともある。このように、クラブハウスはスポーツを軸にした交流に欠かせない社交場なのである。

仲間意識を育むデモクラシー教育の場

ドイツ語の二人称には2種類ある。「お前」「君」といった親称と、「あなた」という社交称だ。いつから「あなた」から「お前」に切り替わるのか難しいところだが、スポーツクラブはメンバーになると同時に「お前」「君」という親称で呼ぶ集まりだ。

例えば若者がメンバーになって、トレーニングに行くとしよう。そこにたまたま、勤務する会社の社長と居合わせた。クラブでは社長もメンバーの一人だ。お互いを「お前」という親称で呼び合う。これはそのまま職場でも適用される。この感覚は日本人にはなかなか理解が難しいが、図9のように説明できる。学校や会社が生活のほぼ唯一の世界になる日本に対して、ドイツは「社会」というより多様な人間関係を育む場がある。その舞台の一つがスポーツクラブなのである。

とはいえ、大きなクラブになると、「コミュニティ」という感覚を共有しにくいことがあり、初見では社交称を使う人もいるが、一定の年齢以上の人になると、親称で呼び合うクラブ文化を「誇り」と感じている人も多い。

■既存の日本型構造（タコツボ型）
学校や会社にコミュニティが固定しがちで、個々人の社会的視野が広がりにくい

■ドイツの構造（市民社会型）
メンバーの属性にとらわれずに楽しめるスポーツクラブが、地域社会の一部になっている

図9　日本とドイツにおける社会構造の違い

このようにドイツのスポーツクラブは、「スポーツを共に行う仲間であること」を文化として大切にしているが、さらに子供や青少年に対するデモクラシー教育の場としても位置づけられている。子供や若者が平等な関係のもと、人の意見に耳を傾け、自由に発言するという振る舞いを学ぶ場にもなっているのだ。もっとも、ドイツの社会全体にこういう考え方があるので、スポーツクラブに限った話ではないが、上下関係が際立つ日本のスポーツ文化と比べると、スポーツクラブは「平等な人間関係をもとにしたデモクラシー教育の場」になっていることがわかる。

クラブ活動はボランティアのプラットフォーム

ドイツのスポーツクラブが日本のＮＰＯのような団体に相当することは先述したが、組織としては「同好の士の集まり」である。もちろん、組織も巨大になってくると「スポーツサービスの提供者」という性格が強まるが、そもそもはメンバーが自主的に関与することで成り立っている組織であることに変わりはない。

そのような組織のあり方がわかる一例を挙げると、体操の試合などでは特別な床を設営したりする必要があるが、そういった準備に人手を要する競技の場合には有志のメンバーで対応することが多い。また、試合では怪我などにすぐ対処できる救急要員が必要になるが、その役割もメンバーが担当する。担当するのは、赤十字などで訓練を受けて一定の資格を持っている人や、医師などの医療関係者だ。そのほかにも、試合進行、チームを率いるトレーナーなど様々なことをメンバー自身がこなしている。また、試合となれば審判の資格を持った人が有償ボランティアとしてやってくる。試合会場では、ケーキやサンドイッチといった軽食などもよく販売されるが、それをつくるのも販売するのもクラブメンバーが担当する。

医師が救急要員についたり、銀行員が会計を担当したり、カメラマンが写真撮影をするという

試合に向けて軽食の販売準備をする男性メンバー

試合ではライセンスを持つ審判が有償ボランティアでやってくる

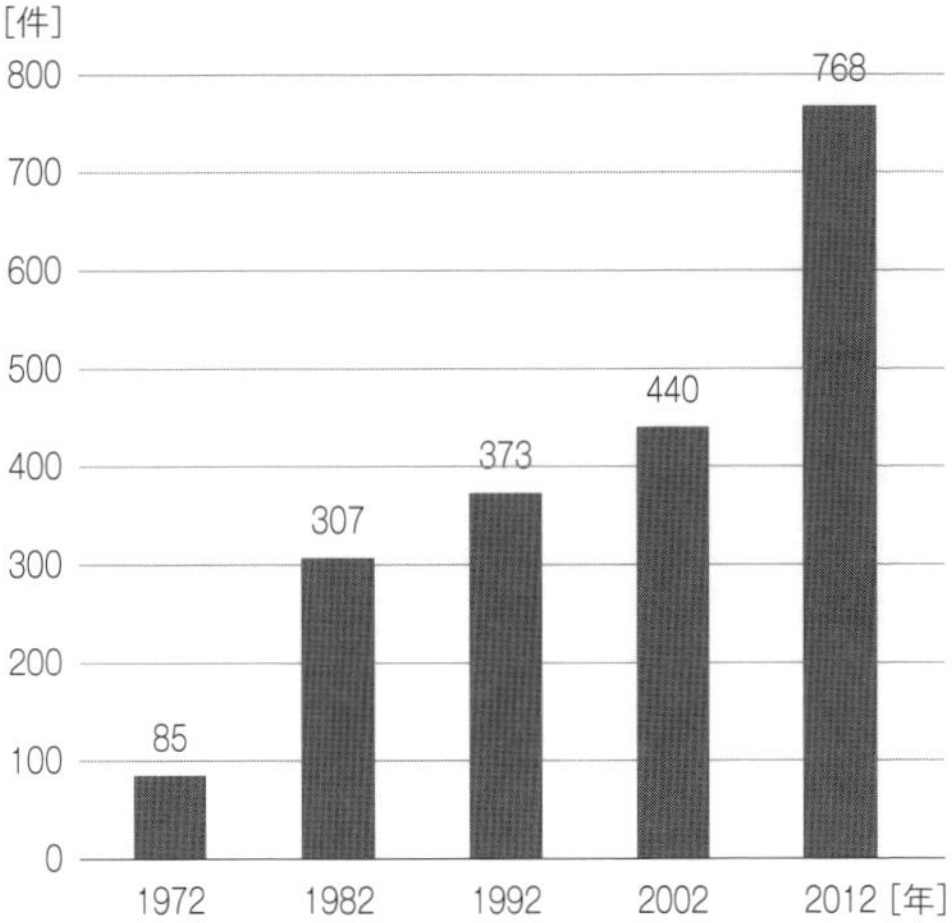

図 10　エアランゲン市内におけるライセンスを持ったトレーナー数の推移
（出典：エアランゲン市スポーツ部設立 40 周年の資料をもとに作成）

のは、いわゆる「プロボノ」に相当する行為である。「プロボノ」とはラテン語の「pro bono publico（公益のために）」に由来し、自分の専門性を活かした社会貢献活動を指す。競技に出場するだけでなく、トレーナーや審判の資格を取得する人もおり、自身のスポーツライフをより充実したものにしようする熱心なメンバーも存在する（図10）。

　このようにクラブの活動はいわゆる「ボランティア」のプラットフォームになっており、しかも、その敷居はかなり低い。

ボランティアに対する感覚の違い

「ボランティア」は外来語であるからだろうか、日本では、「海外のボランティアはすごい」という先入観があったり、一方で「滅私奉公」のようなハードなイメージがある。

　ドイツ語では、「ボランティア」のことを「freiwillig（フライヴィリヒ／自由意思の、自発性の）」や「ehrenamtlich（エーレンアムトリヒ／無給の、名誉職の）」といった言葉で表す。それゆえ、ドイツにおいては、自分の「自由意思」で気楽にボランティアに「志願」する気風が感じられる。

加えて、これはドイツ社会を概観する際に留意しておきたい点の一つでもあるが、自我のあり方にもその要因があると思われる。ドイツにおいては、カントに代表される哲学や19世紀の工業化の影響により、「自己決定を行う私」という自我のあり方が確立されてきた。つまり、「自分で自分の人生を設計する」という考え方が個人の根幹をなしているのだ。それゆえ、ボランティアにしても「滅私奉公」にならず、あくまでも「自由意思」で参加することが大前提なのだ。

また、個人の可処分時間が日本に比べて多いことも注目すべき点だろう。自分で自由に使える時間が多ければ、当然ながらボランティアに時間も割きやすい。スポーツクラブが成り立つのも、平日の夜6時頃からクラブに行ける人が多いからともいえる。

参考までに2018年のOECDのデータによると、年間の労働時間は日本が1710時間であるのに対して、ドイツは1356時間。しかも職住近接。これが、物理的にボランティアに時間をあてることができる背景になっているともいえるだろう。

ボランティアといってもその活動の仕方はいろいろだが、「複数の他者のために自由意思で貢献する」という考え方は共通している。「複数の他者のため」に行う行為は、誰がイニシアティブをとってもよい。このような考え方に対する了解がドイツの社会では広く共有されており、「自己決定を行う私」という自我のあり方ともよく響きあっている。このような感覚については、筆者自身、ドイツに住み始めた頃にも感じるところがあり、ネイティブの知人に「あなたにとって社会とは何か?」という質問をぶつけたことがある。少し考えて「『自分が社会』ということかな」という答えが返ってきた。ドイツにおけるボランティアに対する感覚は、このような認識がベースにあるのだろう。

また、ドイツでは自由意思による公益への貢献に対して、顕彰をすることがたびたびある。顕彰の類は日本でもよく見られるが、ドイツのスポーツクラブでは長年メンバーである人、優良な成績をあげた人のみならず、トレーナーや運営などクラブに貢献した人への顕彰も行われる。先述のように、ドイツのスポーツクラブは「平等」が原則だ。いい換えれば、個性の発揮や自由意思による貢献の機会も平等ということである。そして公式に認め、称賛する制度があると、結果的に集団のダイナミズムにつながる。顕彰はクラブ全体で公式に行うこともあるし、小さな部署単位で行われることもある。また、市も功労者を顕彰している。

ドイツのボランティア事情

さて、ここでドイツのボランティアの状況について統計をもとに見てみよう。

連邦スポーツ科学研究所の資料(2017年)によれば、ドイツでは、ボランティア人口は増加傾向にあり、14歳以上の市民の36%が何らかのボランティアを行っている。また、関与しているボランティアの分野を見てみると、圧倒的に「スポーツ・運動」に関与している人が多い(図11)。

同様の傾向は、エアランゲン市でも確認できる。2012年に行われた同市の統計調査によると、

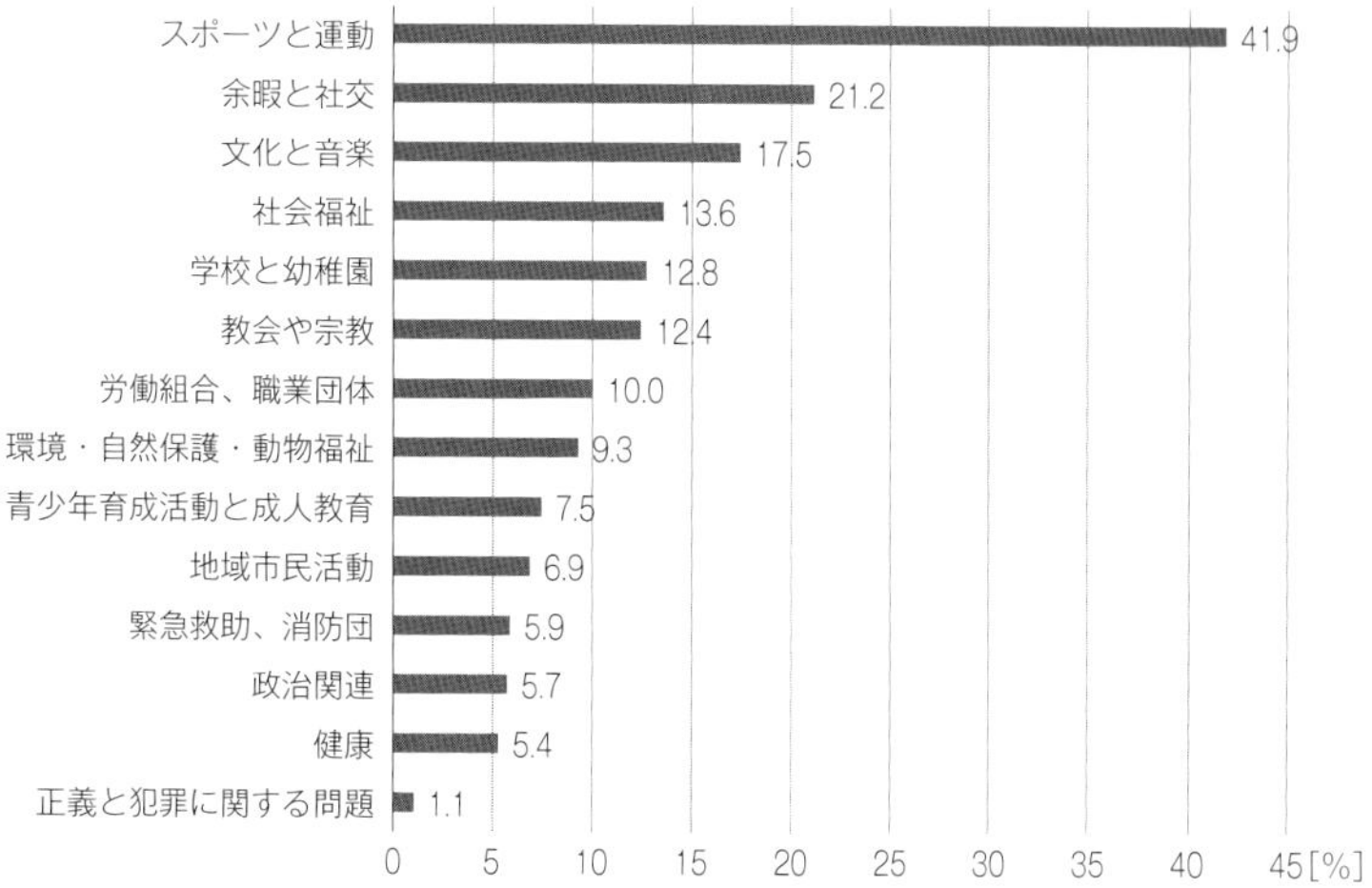

図 11　14 歳以上のドイツ国民が関与しているボランティア（2009 年）

（出典：連邦スポーツ科学研究所のスポーツに関するボランティア調査をもとに作成）

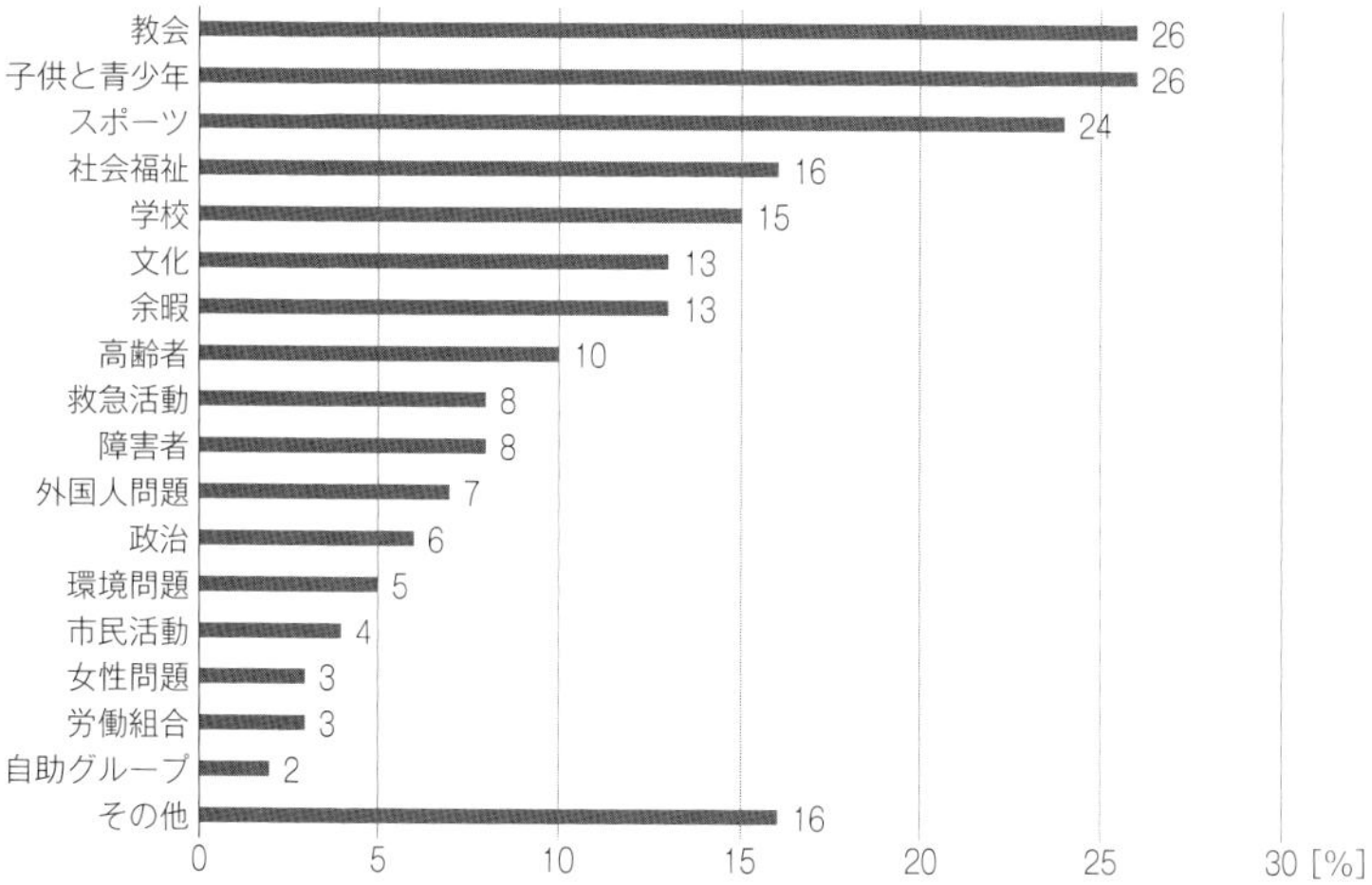

図 12　18 ～ 80 歳のエアランゲン市民が関与しているボランティア（2012 年）

（出典：エアランゲン市の 2012 年の統計資料をもとに作成）

18歳から80歳まで市民の30・1%がボランティアを行っている。年齢別に見るとほぼどの世代も同程度の割合だが、40〜60歳の働き盛りが33%とわずかながらではあるが高い。

次に、ボランティアの対象を見てみると、「子供と青少年」と「教会」がともに26%と最も多く、その次に「スポーツ」(24%)が続く(図12)。男女別に見ると、男性では「スポーツ」が最も多く、女性では「教会」「子供と青少年」「学校」「社会福祉」と続き、5番目に「スポーツ」がくる。

近年、SNSの発達や法令の変化で、個人情報の扱いなどの環境も変わり、従来のようなボランティア活動にも難しい面が出てきている。とはいえ、スポーツクラブがボランティアの場として機能していることが、これらの数字からも見てとれる。

多様な人間関係を育むサードプレイス

スポーツクラブでは、普段のトレーニングに加えて、レストランでの飲食の機会、様々な催し、そしてボランティアと、人をつなぐ機会にあふれている。クラブはメンバーシップ制であるものの、誰でもメンバーになれる開かれた組織だ。「自宅」「職場」とは異なる、開かれた「第三の場所=サードプレイス」という概念があるが、極めてそれに近いものといえる。

また、同じスポーツを楽しむ「同好の士」が物理的に接触する機会が多いことから、仲間意識を育む場にもなっている。その一方で、職業や学校、年齢、性別といった属性の異なる人たちをつなぐ側面もある。「異質な者同士をつなげる」「同質な者同士の結束」機能の両方がスポーツクラブには備わっている。

実際、メンバー間の会話の内容に耳を傾けていると、世代を超えて様々な話が展開されている。政治の話題があがることもしばしばだ。若者が就職する場合、職業訓練を受ける必要があるが、若いメンバーが中高年のメンバーに職業訓練について相談をしているシーンも見られる。恋が生まれて結婚に至ることもある。そのようなカップルの結婚式では、クラブのメンバーがユニフォームを着て祝福に駆けつける。

クラブ内では人間関係の濃淡に幅があり、個人の動機もそれぞれに異なってはいるものの、そこにはスポーツを軸に様々な人が集い、「われわれ」という感覚ができやすい。

若者の志向に合わせて変化

しかし、こうしたクラブ文化も、時とともに変化する。2000年、ジャーナリストのフロリアン・イリーエス氏は当時の30~40歳（1960~70年生まれ）の世代を指して「ゴルフ世代」と名づけ、同名の書籍を出版した。この「ゴルフ」とはフォルクスワーゲン社の車種で、この世代が初めて買った自動車が「ビートル」ではなく「ゴルフ」であることを表している。彼ら世代の特徴は「良いものは高い」と認め、外見も気にするためブランド物にも躊躇がないこと。脱イデオロギー、現実主義的でソツがなく、無駄な闘いはしないこと。そして、主人公が「私」であることである。サッカーやハンドボールなどのチームスポーツよりも、エアロビクスやインラインスケートなどの個人でやるスポーツを好む。そのために「クラブ文化」が弱ってきていることが指摘されている。

確かに、「ゴルフ世代」以降の世代は、クラブが提供するフィットネスなどの個人トレーニング系のプログラムを選んでいる人が増えているようだ。「自分がやりたいトレーニング」に関心があるだけで、コミュニティの要素に対する期待はあまり持たずにメンバーになっている人もいる。この書籍が出版された2000年頃のスポーツクラブでは「マーケティング」に関する議論が高まりつつあった時期でもあり、イリーエス氏が指摘する「クラブ文化の弱体化」とも時期が合致する。

エアランゲン・スポーツ連盟の代表を務めるマティアス・テュレック氏は、地元紙（2017年3月9日付）の取材に対して、次のように述べている。「クラブは死んでいるわけではない。都市の余暇の中心としての社会的位置は失いつつあるかもしれないが、全体としては会員数も再び増加傾向だ。レストランやバーなどで、内輪のグループが一つのテーブルを囲む『シュタムティッシュ』という習慣があるが、若者たちはそれをフェイスブックで行っている。彼らにとっては時間や場所が決められたクラブやチームスポーツよりも魅力的だからだ」。

また、あるクラブの女子バスケットチームの監督は同紙の取材に対して、「戦績もよく、上のリーグへ上がりたいという意欲もある。そこには何の問題もないし、トレーニングの時間も器具も揃っている。ただ、部門を管理する人がいない」と述べている。つまり、ボランティアの立場で責任を取りたいと考える人が少なくなっているのだ。このように、人々のクラブへの関わり方に少しずつ変化が生じているのである。

1995年から2016年まで「TV1848エアランゲン」の代表を務めたヴォルフガング・ベック氏

「TV1848エアランゲン」に新設されたフィットネススタジオで開催されたチャリティイベントに参加するフロリアン・ヤニック市長（最前列）

「TV1848エアランゲン」でコースプログラムを担当するペトラ・ショルツ氏

「ゴルフ世代」の特徴は、表現を変えれば「消費型市民」ともいえるだろう。このような世代の需要の変化に対して、エアランゲン市で最大のクラブ「TV1848エアランゲン」ではいち早く対応し、フィットネススタジオを整備した。「かつてのような仲間意識を求めてクラブのメンバーになりたい人が減りつつあること」を感じとった当時の代表ヴォルフガング・ベック氏が、アメリカ経由のフィットネスの流行を察知した末の決断だった。新しいスタジオでは、エアロバイクを漕ぐチャリティイベントなどを開催し、フロリアン・ヤニック市長（任期：2014年～）にも参加を促すなど、プロモーションにも力を入れている。その結果、フィットネススタジオは消費者型市民にも受け、同クラブの収益でかなりの部分を占めるようになった。

また、「TV1848エアランゲン」の常勤スタッフの一人で、コースプログラムの作成などを担当しているペトラ・ショルツ氏は、メンバーたちから「テレビで見た新しいスポーツをクラブでもできないか」という声を聞くと、早々にコースをつくり、器具に投資する。

同クラブでは伝統的な仲間意識を重んじる体質も強く残っているが、同時にマーケティングに長けており、消費型市民のメンバーにもうまくアピールしている。こうしてベック氏はクラブを新しい体質に変えることに成功した。

スポーツクラブは「近代的」で「都市的」な組織

スポーツクラブで留意すべき点としてもう一つ、いわゆる「地縁組織」とはかなり異なっていることを強調しておきたい。

日本で地縁組織といえば、自治会がその代表だろう。この自治会は「住んでいる」という理由だけで入らなければならない組織である。また自由参加とされている組織であってもやむをえず入らなければならない雰囲気があり、同時に抜けにくい感じがある。こうした組織の参加形式は「前近代的」ともいえるが、日本ではいまだにこうした傾向が残っている組織が多い。

それに対して、ドイツのスポーツクラブは、地縁・血縁・宗教などによる縛りもなく、自己決定に基づいて出入りも自由という点で「近代的」であり、「都市的」ともいえる。前述した「自己決定を行う私」という自我のあり方が反映されている。

5 ドイツでスポーツが普及したきっかけ

スポーツクラブの礎を築いた「体操の父」

これまで見てきたように、スポーツクラブは、単に「スポーツをする組織」ではなく、様々な機能や役割を有しており、スポーツが社会を形づくるエンジンの一つであることがわかる。ここでは、そのようなスポーツクラブがどのようにして生まれ、現在の形に至ったのかを概観していこう。

前述したとおり、ドイツのスポーツクラブには名称に「TV」を冠しているものが多いが、この

エアランゲン市の市民パレードで掲げられるフリードリッヒ・ルードヴィッヒ・ヤーンの肖像（2002年）

TVは「トゥルネン・フェライン（体操クラブ）」の略記である。つまり、複数の競技を扱っているクラブであっても、発祥の種目が体操であったことがわかる。そうした歴史ある体操クラブでは、施設内に「体操の父」と呼ばれるフリードリッヒ・ルードヴィッヒ・ヤーンの銅像や肖像画が飾られているのを目にすることがある。彼は、ドイツのスポーツクラブの礎を築いた人物でもある。

体操家であったヤーンは、1778年、プロイセン北東部のブランデンブルク州で生まれた。後述する「トゥルネン運動」を展開した活動家としても知られる。ドイツでは通りや建物に偉人の名前をつけることが多いが、ヤーンもあちこちのまちで「ヤーン通り」「ヤーン体育館」といった名称がつけられている。

ヤーンが生まれ育ったプロイセンは、ナポレオン率いるフランスに敗れた敗戦国だった。当時のプロイセンでは、同一の言語や文化を持った国民による国家（国民国家）を樹立するというナショナリズムが台頭し、1810年に誕生したベルリン大学（現在のフンボルト大学）も国民国家による人材の養成を行うことを目的として設立された。そんな時代の風が吹き荒れる中、愛国精神に燃えるヤーンは「トゥルネン運動」と呼ばれる活動を展開した。

スポーツの発祥は愛国精神

当時、教師をしていたヤーンは、生徒たちを集めて運動をすることがあった。「トゥルネン運動」の始まりとされるのが、ベルリンのハーゼンハイデ運動場に若者を中心に約300人が集まった1811年の出来事である。体操といえば、鉄棒などの器具を使う運動をイメージするかもしれないが、陸上競技、ハイキング、水泳、さらには鬼ごっこのようなゲームなども行われていたそうだ。トゥルネン運動には心身を鍛えると同時に、強い民族を形成する狙いがあり、伝統や愛国心といったものが重視されていた。そのため、運動に加えて、愛国的な演説をはじめとして、合唱や式典、読書会や討論会まで行われていたという。また、スポーツクラブではメンバー同士で「君」「お前」と親称で呼び合うことを先に紹介したが、この考え方はヤーンがトゥルネン運動を本格的に開始した時期に推奨したものである。その背景には、平等性を強調し、仲間意識から愛国心を誘発する狙いがあった。加えて、ユニフォームの着用も義務づけられていた。

一方、体操家たちには、男らしさや規律、自己抑制といった規範を求めた。19世紀半ば以降「体操家の歌（トゥルナーリート）」が盛んにつくられるが、歌詞には体操家たちの規範が込められて

体操家の歌を集めた歌集

体操家のモットーを象ったターナー・クロイツの紋章

いるものも多い。今でも歌集を所蔵しているクラブもある。合唱はドイツ社会で重要なものだが、体操の世界にもそれが反映されている。

またヤーンは自身の著書に「4F」という体操家のモットーを記している。ドイツ語で「フィーア・エフ」と読み、Fはドイツ語の頭文字をとったもので「新鮮（frisch／フリッシュ）」「敬虔（fromm／フロム）」「快活（fröhlich／フレーリッヒ）」「自由（frei／フライ）」を意味する。この信条の影響力は強く、「ターナー・クロイツ（体操家のクロス）」という4Fを象った紋章も1800年代中頃につくられた。力強い紋章で、体操関係のイベントや施設、出版物などで現代でも目にすることができる。

体操を軸に国家統一に向けた愛国教育を推進したヤーンの活動は、プロイセン政府にとっても好ましいものだった。しかし、時局の変化とともに、政府側に不信感が広がり、1820年にはプロイセン政令でトゥルネン運動が禁止された。ヤーン自身も5年にわたり拘留され、その後も監視下に置かれたが、1840年にトゥルネン運動の禁止は解かれ、ヤーンは「体操家の父」として認知されるようになり、1852年にフライブルクで亡くなっている。その後、トゥルネン運動は時代の変化とともに受け継がれ、今日のスポーツクラブにも継承されている。

ドイツにおける「スポーツ」とは

ヤーンの活動と思想を見ていくと、「トゥルネン」がドイツ独自の身体文化であることがうかがえる。それは「スポーツ」とどう違うのだろうか。ここで簡単に触れておきたい。

スポーツ関係の本を開くと、スポーツの語源はラテン語の「deportare」にさかのぼることができる。英語で表せば「carry away」。「何物かを運び去る」という意味である。転じて、不安や憂いを運び去ること、つまり「遊び」「気晴らし」と説明される。
しかし、スポーツを直訳するドイツ語は存在しない。トゥルネンを「体操」と訳しても、あくまでも仮訳という感じがするのも、トゥルネンがドイツの社会や政治状況の中で生まれてきた言葉であるがゆえだろう。英語の「sport」も同様で、そもそもはイギリスで社会的意味を付与・変遷させながら生まれた言葉である。そのような言葉の成り立ちからすると、ドイツにおいて「スポーツ」は外来の文化と位置づけられるだろう。

一方、スポーツには、「より高い記録を出す」「勝敗を決める」という競争の要素がある。ドイツでは、これが受け入れられにくかったようだ。先のヤーン自身も、勝利を至上とする考えには反対している。社会運動としての性格が強いトゥルネン運動では、人々の結束を生むことが重視され、スポーツの競争指向とは相反するところがあった。その後、19世紀後半にサッカーが普及したことにより、ドイツでもスポーツが盛んになる。それとともに、スポーツに内包している価値観や合理的な発想も急速に広まっていった。

今日のドイツでは、「スポーツ」は「トゥルネン」と限りなく並列する運動の上位概念として扱われている。しかし、新聞には「スポーツ欄」はあるが「トゥルネン欄」はない。学校の授業でも、ある時期まで「トゥルネン」だったが、今では「スポーツ」だ。スポーツのほうがグローバルな広がりを持ち、より多くの種目を総合的に指すものだからだろうか。やや乱暴な言い方かもしれないが、日本におけるスポーツと武道の関係に似ているようにも思える。

2章

まちを盛り上げるスポーツ

1　スポーツ人口を広げるしくみ

実力に応じて選べるリーグシステム

エアランゲン市に住み始めた頃、ある日曜日に家族で散歩をしたときの話である。ほどなくして、サッカー場が眼の前に現れた。まず身近に芝生のサッカー場があることに驚いたが、そこでは成人のアマチュア選手たちの試合が行われていた。当時、まだドイツの暮らしに慣れておらず、アジア系よりも体躯の大きい欧州系の男性たちがドカドカと走り、ボールを追いかけている光景に圧倒された記憶がある。きれいに整えられた芝生のサッカー場は、会員数約1000人の総合型スポーツクラブ所有のものだった。よく見ると、サッカー場のそばにはテニスコートやバスケットボールコートも整備されていた。

サッカーの試合は平日にも行われるが、土日にはかなり集中する。サッカーの試合が多い理由は、競技人口が最も多いからである。エアランゲン市内では、確認できるものだけでサッカー場は10カ所程度ある。これらのサッカー場で週末に一斉に試合が行われるとすると、市内で10試合以上が行われていることになる。

さらに実力に応じたリーグが組まれていることも特徴だ。プロチームはブンデスリーガ1部から3部までの3段階があり、それ以下がアマチュアだ。地方によって違いはあるが、例えばバイエル

アマチュアからプロまでドイツのスポーツ人口の裾野は広い。スポーツクラブのサッカーキャンプには親子で参加

ン州では、バイエルン・サッカー連盟の資料によると、アマチュアは8段階のリーグに分かれている。4部相当のレベルならば、ドイツ全国を五つのエリアに分けたリーグが設けられており、下のリーグに行くにつれ、エリアは小さくなっていく。最も下のリーグは同じ地区のチーム同士が戦う。

上のリーグになるほど、トレーニングの内容もハードになり、試合で遠征する範囲も広い。希望のレベルのチームに入るには、テストが課されるケースもある。日本と違い、ドイツの学校には部活がなく、サッカーをしたければスポーツクラブで行う。チームのレベルや雰囲気が合わなければ別のクラブへ移ればよい。誰もが試合に出場できる構造になっており、プレーヤーとしての楽しみが担保されやすい。日本の部活では「3年間補欠だった」というようなことが時としてあるが、ドイツのスポーツクラブではそういうことがまずない。

このように、ドイツではアマチュアからプロまで様々なレベルの選手の試合が連日あちこちで行われる。

プロ・アマ問わず地元を盛り上げるサッカー

ドイツのサッカーのシーズンは前期・後期に分かれている。前期シーズンは8月頃から始まり、年末から1月にかけてシーズンオフ。その後、2月から6月にかけて後期シーズンが行われる。盛り上がりを迎えるのが後期シーズンの終わり頃である。トータルの戦績が見えてきて、ブンデスリーガではどのチームが降格・昇格するかが見えてくるからだ。連日メディアでも報道される。

ドイツでは、プロのリーグだけでなく、アマチュアのリーグの降格・昇格にも市民は熱中する。もちろん全国的なニュースにはならないものの、地元のメディアではその動向を報道する。筆者が住むバイエルン州では、バイエルン・サッカー連盟がアマチュアの試合結果を速報するアプリも提供しており、サッカーファンは刻々と流れてくる速報に一喜一憂している。エアランゲン市には4部に相当するサッカーチームがあるが、このレベルになると「まちの誇り」だ。

隣のニュルンベルク市は名門チーム「1・FCニュルンベルク」の本拠地である。1部と2部を行き来している歴史あるチームで、根強いファンも多い。清武弘嗣、金崎夢生《むう》、長谷部誠といった日本人選手たちもプレーしていたことがあるので、ご存知の方も多いのではないだろうか。

日本発祥の柔道もドイツで愛好家が多く、ブンデスリーガもある

そんなプロチームが親善試合でエアランゲン市にやってくることがある。地元アマチュアチームの「FSVエアランゲン・ブルック」とパートナー関係にあり、2018年7月に試合が行われた際には、早くから市内のあちこちにポスターが貼られた。試合当日は地元の報道陣も集まり、試合は5対2でニュルンベルクのプロチームの勝ち。試合終了後には、観客がピッチ上の選手たちにサインを求め交流する様子も見られた。このようなプロチームとの親善試合は、アマチュアリーグのサッカーチームに関心を集めることにも一役買っている。

ブンデスリーガはサッカーだけではない

前章でも述べたが、「ブンデスリーガ」とは連邦リーグを指し、「全国リーグ」のことをいう。「ブンデスリーガ」と聞くとサッカーを思い浮かべる人が多いだろうが、実際にはサッカー以外のスポーツにもブンデスリーガが存在する。

アメリカンフットボール、バドミントン、ホッケーなど約

BMXのブンデスリーガでは「RC50エアランゲン」の選手が活躍

60種のスポーツが挙げられるが、面白いところではビリヤードやチェスなどにもリーグが設けられている。日本の感覚からすると、こうした競技はスポーツとは考えにくいが、こうしたルールにのっとった戦略を駆使するゲームもスポーツに含まれるのだ。また、最近ではコンピュータゲームが「Eスポーツ」として認知されつつあるが、Eスポーツにもブンデスリーガがある。日本発祥の柔道や、日本でも愛好家の多い囲碁にもブンデスリーガが設けられている。

ここでエアランゲン市の事例を見てみよう。市内のクラブ「ATSVエアランゲン1898」では、2000年にビリヤード部が設立され、ブンデスリーガの選手も輩出している。また、柔道に強いクラブもある。「TV1848エアランゲン」の柔道部では、地区レベルから州レベル、そして連邦レベルと各リーグのチームを抱えている。同クラブでは、トライアスロン部からもブンデスリーガの選手を輩出している。

さらには、BMX（バイシクル・モトクロス）のブンデスリーガなどで活躍するナジヤ・プリーズ選手は、サイクルスポーツのクラブ「RC50エアランゲン」の所属だ。ドイツ国内でチャンピオンを獲得したこともあり、2016年のリオデジャネイロ・オリンピックにも出場している。同クラブ内では若手も台頭してきており、ジェニファー・ローゼンミュラー選手は2018年のワールドカップで銅メダルを獲得している。

ほかにも、水泳に特化したクラブ「SSG 81 エアランゲン」でもブンデスリーガのチームを抱えている(女子1部、男子2部)。同クラブ出身のハンナ・ストックバウアー選手は2004年のアテネ・オリンピックに出場し、リレー種目で銅メダルを獲得。彼女の活躍を称え、エアランゲン市内の室内プールは「ハンナ・ストックバウアー・ホール」と名づけられている。

このように、エアランゲン市内でもスポーツクラブから国を代表するレベルの選手を多数輩出しており、スポーツクラブは地元のヒーローが誕生する苗床のような場でもあるわけだ。

2 地元のプロチームはまちの誇り

スポーツにも垣間見える郷土愛

先にも登場したサッカーチーム「1・FCニュルンベルク」の本拠地、ニュルンベルク市のまちを歩くと、街灯のポールや建物の壁にファンが同チームのシールを貼りつけたり、至るところで

「1.FCニュルンベルク」のユニフォームの内側にあしらわれたニュルンベルク市とその周辺地域の紋章

同チームのお膝元であることが感じられる。エアランゲン市の隣町、フュルト市（人口11万人）でも同様だ。フュルト市には「グロイター・フュルト」というプロチームがある。ブンデスリーガ2部のチームで、2012／13年のシーズンには1部に昇格したこともある強豪チームだ。このまちでも、チームのシールが町中で目につく。

ユニフォームにも、郷土への強い愛着がうかがえる。市販されている「1・FCニュルンベルク」のユニフォームを見てみると、チーム名、スポンサーのロゴのほかに、ニュルンベルク周辺地域を示すフランケン地方とニュルンベルク市の紋章がさりげなくあしらわれており、「フランケン（地方）はチームの後ろに立っている（応援している）」と書かれている。一方、「グロイター・フュルト」のユニフォームには、フュルト市のシンボルマークのクローバーとまちのシルエット、1903年という設立年がしっかりとデザインされており、こちらも愛郷心を感じさせる。

日本でもドイツでも、人々の地元に対する愛着はあるが、ドイツの場合にはそれがとても強い。政治の議題として「郷土」が取り上げられるほか、各地には必ずといってよいほど郷土や歴史のフェラインが設立されている。さらには、まちのアーカイブがあり、千年以上も前の古文書から現代の公文書、絵図、写真、出版物などが収集・整理・保存され、適宜活用されている。これらは、まちのアイデンティティの源泉である。こうした愛郷心は、スポーツの取り組みにも垣間見られる。

まちの記憶を伝えることが郷土愛を育む

２０１６年９月から翌年４月にかけて、フュルト市の市営ミュージアムで「フィット・フォー・フュルト」という、「スポーツクラブ」と「地域」の親密な関係が感じられる展覧会が開かれた。「スポーツから見たフュルト市の歴史」を振り返るこの展覧会では、市内の14のスポーツクラブが所有している写真、歴史的な資料、器具などが展示された。紹介されたスポーツ種目は自転車、ゴルフ、カヌーなどのアウトドア・スポーツに加え、格闘技、野球、ハンディキャップ・スポーツ、さらには地域の祭りで披露されるダンスの衣装なども展示されていた。こういうダンスを扱うクラブもスポーツに分類される。

また、同ミュージアムでは、地元サッカーチーム「グロイター・フュルト」に関する展示も設置。昔のユニフォームやボールといったサッカー関連の展示物のほかに、水泳キャップ、ホッケーのスティック、陸上競技の有名選手のメダルなども展示されている。同チームの始まりは１９０３

フュルト市のアーカイブ責任者であるマルティン・シャーラム博士と地元プロサッカーチーム「グロイター・フュルト」の展示

「グロイター・フュルト」のサッカースタジアム内には過去の新聞記事が壁面にプリントされている

「TV1848 エアランゲン」の創立 150 年を記念して作成された冊子。エアランゲン市の最初のクラブということもあり、同市のスポーツ史ともいえる充実した内容が掲載されている

年創設の体操クラブで、1900年代初頭にサッカーをはじめ、陸上、テニス、ホッケー、スキーなどの部門が設けられた。

歴史あるスポーツクラブでは、クラブハウスの古い一室を保存したり、クラブの歴史を伝える活動もしている。プロチームである「グロイター・フュルト」では、常時閲覧できる状態にはなっていないようだが、収蔵品を公開する展覧会をチームの建物内で開催したところ、ファンや地元市民も多数訪れた。

また、クラブ設立の50周年や100周年といった節目の年に記念の冊子を製作することも多い。エアランゲン市の最古のクラブ「TV1848エアランゲン」では、創立150周年の記念に200頁にも及ぶ冊子がつくられた。そのテキストを執筆したヴォルフガング・ベック氏は、もともとギムナジウム（高校に相当）の教諭で、同クラブのテニス部の部長を経て、長年同クラブの会長を務めた人物である。150周年冊子では、エアランゲン市のアーカイブ資料などを駆使して、前章で紹介したヤーンのトゥルネン運動以前からの歴史を紐解いており、エアランゲン市を軸にしたドイツのスポーツ社会史といってもいい充実した内容が記されている。

このようなまちの記憶を現在に伝えようとする姿勢は、人々の地域に対する親近感や愛着を育むことにつながっており、これが「地域に根ざしたスポーツクラブ」ともうまく重なりあっている。

3 まちがスポーツ競技場に

800人が出場するトライアスロン大会

エアランゲン市では、マラソンをはじめとして、いわゆるイベント型の競技大会も数多く開催されている。例えば、デクセンドルファーヴァイアー湖ではスポーツクラブ「セーリングクラブ・エアランゲン」の主催でヨットの選手権が行われている。また、サイクリングスポーツに特化したクラブ「RC50エアランゲン」の練習場では、BMXの州選手権が行われる。2018年5月の大会では、子供から成人まで200人以上の選手が出場し、約800人の観客が訪れた。

なかでも、大規模な大会がトライアスロンである。「TV1848エアランゲン」のトライアスロン部が主催し、毎年7月に開催される。中距離（水泳2キロ、自転車80キロ、マラソン20キロ）と短距離（水泳1・5キロ、自転車40キロ、マラソン11キロ）の2種類のコースが用意され、1万人の観客が沿道から選手を応援する。ドイツでも人気の大会で、2018年には短距離コースの出場参加チケットが販売開始後10時間で売り切れた。

ボランティアスタッフも300人以上が参加。2016年には、エアランゲン市内の「サンバ・スクール」が公式応援団として加わり、マラソンの沿道から演奏で選手たちを応援し、大会を盛り上げた。「サンバ・スクール」は、同市のブラジル人コミュニティが1991年に立ち上げたグ

1万人の観客が沿道から応援する、エアランゲン市のトライアスロン大会

サンバ・スクールがオフィシャル応援団としてトライアスロン大会を盛り上げる

ループで、自主イベント以外にも様々なイベントなどで楽器演奏とダンスを披露している。このように市民グループがスポーツイベントに加わることもめずらしくない。

ＴＶ１８４８エアランゲンのトライアスロン部の資料によると、１９７０年代にアメリカで開始されたトライアスロンは80年代にドイツで普及しはじめた。エアランゲン市で初めて開催された大会は１９８５年、水泳１キロ、自転車21キロ、マラソン４キロというミニ・トライアスロンで、参加者は９人だった。その後、87年に同クラブにトライアスロン部が設立。89年の大会では１００人以上の参加者を集めるまでになった。その後、90年に現在の中距離コースが設けられ、４００人が参加。95年には短距離コースが追加され、参加者は８００人にまで膨れ上がっている。２００８年には出場者枠を１０００人に増やすことも検討されたが、競技場のキャパシティの問題から８００人のまま出場枠は増やされていない。

当初はエアランゲン市内の地ビール会社などがスポンサーだったが、規模が大きくなるにつれて、地元の金融機関、プーマ等のスポーツブランド、通信会社など大会社もスポンサーにつくようになった。かつてシンプルだったゴールも、今ではスポンサーのバナーがついた立派なゴールに変わり、選手たちを迎える。大会期間中は、市内のホテルとも提携し、宿泊が必要な参加者への割引サービスなども行われている。エアランゲンのトライアスロン大会は、現在ではドイツ国内で５番目に大きな大会に数えられるほど着実に成長してきた。

毎年開催される七つのマラソン大会

秋を中心に、マラソン大会も数多く開催される。２０１８年7月から1年間に、エアランゲン市内だけでも七つの大会が開催された。その主催者は大半がスポーツクラブだが、ライオンズクラブや大学病院が主催するものもある。10キロ程度の短いコースのものが主流だ。

9月初旬に行われる「エアランゲン・ナイトマラソン」は、その名のとおり夜間に開催される大会である。スポーツクラブ「トゥルナー同盟１８８８エアランゲン」が主催し、２００４年から毎年行われており、２０１５年には１１００人が出場している。会場は元米軍キャンプ地だった住宅街で、住宅街にある広大な芝生の広場につくられたコースを走る。1周3・8キロのコースで、参加者は1周から3周までの距離を選んで走行する。イベントは19時半頃から始まり、スタート前にはファイアーショーなどのアトラクションが大会を盛り上げる。時計を1時間早めるサマータイムの時期でイベント開始時はまだ明るいが、スタートする20時半になるとかなり薄暗くなり、文字どおり「ナイトマラソン」になる。

一方、9月中旬に行われるのが「アーカーデン・マラソン・イン・モナウ」。スポーツクラブ「TV１８４８エアランゲン」が主催する大会で、同クラブのスポーツ指導者であったギュンター・バイアーローツァー氏が考案した。ランナーは10キロ、5キロ、2・5キロの三つのコースを選ぶことができる。現在の出場者は８００人ほど。「アーカーデン」はエアランゲン市街地にあるショッピングモールで、この大会のスポンサーでもある。「モナウ」はマラソンコースの地名である。

夜のまちを駆け抜ける「エアランゲン・ナイトマラソン」

中心市街地で行われる「シティマラソン」には子供たちも参加

同じく9月末にエアランゲン・スポーツ連盟が主催する「シティマラソン」もある。会場は、中心市街地の広場と隣接している宮殿庭園だ。1周900メートルのトラックに見立てられている。名称は「マラソン」になっているが、このコースを4人1チームのリレー方式で走るというものだ。子供、若者、成人、50歳以上と10の年齢別のカテゴリーに分けられている。

ほかにも、クラブ「スポーツコミュニティ・シーメンス」の陸上部が1998年から開催しているのが、「エアランガー・冬の森マラソン」。森の中を駆け抜ける10キロのコースがメインで、いくつかのショートコースもある。なお、同クラブでは国内のイェーナ市に加え、スウェーデン・イタリア・ロシアの姉妹都市と交流があり、各都市のスポーツクラブのメンバーがお互いに姉妹都市で開催されるイベントに参加しあっている。

また、同マラソン大会のパートナーになっているクラブ「FSVエアランゲン・ブルック」も、毎年10月に「FSVマラソン」を主催している。こちらも10キロのコースがメインだが、子供向けに短距離コースも用意しているほか、5キロのノルディックウォーキングコースもあるのが特徴だ。

さらには、チャリティマラソンも二つ開催されている。ライオンズクラブが主催しているのが「エアランガー・チャリティマラソン」だ。先に紹介した「ナイトマラソン」でも使われる住宅地の広大な芝生内につくられた1周900メートルのコースを走行し、決められた時間内に何周走れるかを競う。2017年5月に開かれた6回目の大会では、4歳から8歳までの約900人の子供たちが参加、約2万ユーロ（約200万円）の寄付金が集まった。

寄付金は、「ライオンズ・スポーツキッズ」というスポーツプロジェクトと子供向けのボランティア団体の活動に充てられる。「ライオンズ・スポーツキッズ」では、スポーツを通した教育と「社会的統合」を目的とした活動に取り組んでいる。社会的統合とは、移民受け入れを背景とした連邦政府の政策である。一般に外国人や移民は、言語、宗教、生活習慣の違いからドイツ社会になじめないことが多い。言語の壁があり、限られた職業にしか就けない、適切な教育が受けられないということも起こる。こうしたことを背景に近年、ドイツ語習得等の社会的統合政策が各都市で進められている。詳しくは拙著『ドイツの地方都市はなぜクリエイティブなのか』を参照されたい。

もう一つのチャリティマラソンが、「癌に対抗するマラソン」だ。主催はエアランゲン大学病院で、毎年10月に中心市街地にある宮殿庭園内で開催される。2014年に初めて開催され、900メートルのコースを時間内に何周走れるかを競う。6歳未満の「バンビ・ラン」のコースも設けられ、子供から大人まで参加できる。2017年には約2000人が参加。参加者全員で1万6835周を走り、走行距離は1万5000キロ。1万6000ユーロ（約160万円）の寄付金が集まった。同大学病院は、一般の人々に病院内を紹介する取り組みや、クリスマスシーズンの募金集め、エアランゲン市とその近隣都市で行われる科学イベントに参加するなど、社会との接点を広げる活動を積極的に行っており、このマラソン大会もその一環である。

以上、エアランゲン市内で毎年開催されているマラソン大会を概観してきたが、参加者の数も千人前後と適度な規模で、総じて距離が短く、子供から大人まで多様な世代が参加できるコースが設

中心市街地にある宮殿庭園を走る「癌に対抗するマラソン」

愛犬と一緒に参加するランナー

定されおり、参加のハードルが低いのが特徴だ。参加者は、普段のジョギングとは違う晴れやかなシチュエーションで走りたい、友達や家族やペットと一緒に楽しみたい、職場の同僚とチームとして参加したいといった様々な要望に応じて参加することができる。

こういったドイツのイベントには、日本に見られるような「スポーツによるまちおこし」「スポーツツーリズム」といった集客目的のイベントのような気負いは感じられない。そこには、多様な人々がスポーツに気軽に参加できる機会を充実させることで、結果的に生活の質やまちの価値が高まるという好循環が生まれている。

4 まちに出てスポーツを観戦する

まちに交流を生む「パブリックビューイング」

今では一般的になったパブリックビューイングは、ドイツでは2006年のサッカーのワールドカップあたりから急速に広まった。エアランゲン市も例外ではなく、2018年のワールドカップの際にも各所で設置された。ワールドカップを目前に控えた6月には、市内の各戸にポスティングされる無料の新聞「デア・ブリッツ」に4都市（ニュルンベルク市、フュルト市、エアランゲン市、ヘルツォーゲンアウラハ市）、24カ所のパブリックビューイングのリストが掲載された。その内訳は、人口50万人のニュルンベルク市は13カ所。人口11万人のエアランゲン市とフュルト市はともに5カ所ずつ。人口2・4万人のヘルツォーゲンアウラハ市は1カ所であった。

ちなみに、ヘルツォーゲンアウラハ市は、アディダスとプーマが本社を構えるまちで（5章参照）、パブリックビューイングはアディダスのアウトレットショップを会場に、3500人を収容するかなり大掛かりなものだった。残りの3都市については、地元のビール会社に併設されたレストランや文化施設などが多いが、ユニークなところではニュルンベルク空港でも行われている。また、ドイツの各都市では、夏場に広場に砂を敷き詰めて人工的にビーチを設えることが流行っており、そこに大型スクリーンが設置されるケースもあった。

もっともパブリックビューイングは、以前よりも減少・小規模化の傾向にある。というのも、毎年多くの都市の広場で屋台などが並ぶクリスマスマーケットが開かれるが、2016年にベルリンのマーケットでトラックが突っ込むテロが発生したからだ。以来、イベントや祭りでは、セキュリティが強化され、安全面からパブリックビューイングを中止したところも多い。

スポーツで盛り上がる場所としてもう一つ挙げられるのが、「スポーツバー」である。グーグルマップで検索すると、エアランゲン市内で21件がヒットする（2018年7月2日現在）。スポーツ中継が観られるレストランやカフェではワールドカップ等の大きなイベントの際には小さなパブリックビューイングスペースを設けている。また、スポーツクラブ「ATSVエアランゲン1898」でも、サッカーグラウンドの一角に大型モニターを設置していた。正確な数は割り出せないものの、小規模化したパブリックビューイングが市内に点在している。

スポーツが人々のコミュニケーションを促進し、コミュニケーションがまたスポーツを盛り上げる。その媒介役を果たしているのがテレビ、ラジオ、新聞などのメディアであり、パブリックビューイングもその一つである。スマートフォンなどでスポーツ中継を見ることができるようになった今日、パブリックビューイングはコミュニティとスポーツをつなぐ新たなメディアとして位置づけられる。都市に「パブリックビューイング」という新たな装置が加わることで、スポーツを通じた新たなコミュニケーションが生まれる可能性がさらに広がっている。

人々が集まりやすいまちの構造

ドイツは観光地としても人気のある国だ。なかでも、多くの観光客を魅了しているのが、古城や教会、歴史的建造物が軒を連ねる都市である。留意しておきたいことは、こういった都市が博物館でもテーマパークでもなく、住民にとっては日常的な場所であるということだ。彼らは、レストランやバー、カフェなどで友人や家族とくつろぎ、ショッピングやまち歩きを楽しむ。中心市街地には、図書館、劇場、庁舎、オフィスなどの施設が揃い、コンパクトなエリアの中に収まっている。

そういう中心市街地はたいていが旧市街であり、そのまちの「始まり」となった場所である。それが中世都市の一つのフォーマットで、広場や教会、市庁舎を中心として、放射線状に道路が広がる。そして、そのような旧市街は、外敵の侵入を防ぐために市壁で囲まれていた。今日では市壁が

エアランゲン市の宮殿広場は毎年夏に砂が敷き詰められ、人工ビーチになる

宮殿広場の「宮殿ビーチ」で行われるパブリックビューイング

撤去されたところも多いが、現在もまちの「顔」であり、人々をひきつける求心力のある場所である。そういう場所にパブリックビューイングが設置されることも多い。

まちの求心力を高めるパブリックスペース

エアランゲン市の中心市街地は500メートル余りの歩行者専用道路で、平日でも賑わいのあるゾーンである。この道路に接している宮殿広場に、夏になると人工ビーチが出現する。180トンの砂を敷きつめた約1500平方メートルの「宮殿ビーチ」である。ビーチに大型モニターを設置してパブリックビューイングも行われる。

このビーチには、食事ができる椅子とテーブルに加えて、ビーチチェアも200脚用意される。軽食も楽しめ、仕事の昼休みやショッピングの合間にこのビーチで休憩をとることができる。

なぜ、まちなかにビーチなのだろうか。それを理解するには、ドイツのバカンス事情を知る必要がある。ドイツでは、夏になるとイタリアやギリシャ、スペインなどの暖かい海辺にバカンスに行く人が多い。この感覚に合うようにつくられたのが「人工ビーチ」というわけである。ややお手軽感があるものの、まちに新たなリラックス空間を挿入することでまちの求心力を高めることに貢献している。

この人工ビーチを運営するのは、市内のディンガー社と非営利法人の「ツーリズムとシティ・マネジメント」である。同法人は1997年に設立され、市とも連携して仕事をしている。この宮殿

発電所をリノベーションした文化施設「E-ヴェルク」。上は改装中、下は様々な催しが開催されるホール（上の写真の出典：現地の絵葉書）

広場は、人工ビーチだけでなく、クリスマスシーズンにはスケートリンクになるなど、時期に応じて様々に活用されている。

さらに、中心市街地は様々な文化施設にもアクセスしやすい。宮殿広場のすぐ近くに文化施設「E－ヴェルク」がある。発電所をリノベーションした建物の中には映画館やバー、ディスコがあり、文化関係のフェラインも入居している。そこでは、若者向けのクラブイベントから、音楽ライブ、政治討論会といった幅広いイベントが開かれ、週末になると若者たちでごったがえす。1982年のオープン以来、エアランゲンの文化シーンを象徴する重要な場所になっている。この施設のオープンスペースでも大型モニターが設置され、パブリックビューイングが開催されることもある。

普段から余暇を楽しみ、文化を享受するためのインフラ整備が行われているため、まちの構造そのものが「スポーツ観戦を楽しみやすい仕掛け」になっているわけだ。

3章

サステイナブルなアウトドア・ツーリズム

1　自然を楽しむ文化

ドイツの余暇の楽しみ方

ドイツの国土の32％は森だ。森といっても平地が多いのが特徴で、日本とは異なる。恵みも大きいが、薄暗く、動物も住む森は危険でもあり、古くから畏敬を抱かれる対象でもあった。一方、近代以降、森は木材の経済システムに組み込まれ、森の管理は早くから行われていた。加えて、今日では環境問題という観点からも、さらには余暇、教育、健康といった面からも森は重要である。

ドイツには自然を楽しむ文化がたくさんある。その一つが「ワンダーフォーゲル」である。19世紀末に青年運動として始まったもので、1章で紹介したヤーンの「トゥルネン運動」はワンダーフォーゲルの前身だといわれている。

また、ハイキングも人気がある。本来、野山を歩く行為は、何かの目的のために移動したり、何かを運搬するために行うものだが、歩くことそのものに意義や楽しみを求める発想は、工業化が進み、生活に余裕ができたからこそ生まれた。

「ドイツ人」の自然観

こういうドイツ人の自然観がどこからきたのか詳しく見ていきたい。なお、ここでいう「ドイツ

森はスポーツ・余暇の場でもある

人」とは民族、言語、または文化の面で伝統的な狭義のドイツ人を指す。現代では文化、ルーツの多様化が進み、「ドイツ人」の定義は複雑になっているからである。

19世紀の半ばには、レジャー活動としての登山が盛り上がりを見せるようになる。いわゆる「アルピニズム」である。そして1834年にはニュルンベルク市とフュルト市の間に鉄道が開通し、この鉄道ネットワークがアウトドア観光やハイキングを促進した。

一方、工業化の進展とともに、「緑」は貴重な資源として認識されるようになった。ドイツでは「遅れてきた近代化」により工業化が急速に進み、都市人口も急増する。ニュルンベルク市に残る19世紀後半の絵図には工場から煙がもくもくと出ている様子が描かれており、空気汚染は深刻だったことがうかがえる。住民が体調を崩し、自然の多いバイエルン州南部に療養のために引っ越すこともあったようだ。

さらに、当時世界中で参照されていた「庭園都市（Garden City）」の構想などもドイツに影響を与えた。日本では「田園

19世紀に整備された、ニュルンベルク市内のガルテンシュタット（庭園都市）

1901年に設置された、エアランゲン市内で最も古いクラインガルテン。市街地付近に位置しており、都市に住みながら、庭を楽しみ、健康的な生活を実現できる

都市」と訳されているこの構想はイギリスのエベネザー・ハワードが提唱したものだが、19世紀初めにはニュルンベルク市南部にも整備され、現在も残っている。ガーデンシティのドイツ語訳「Gartenstadt（ガルテンシュタット）」と名づけられたその住宅地は組合方式でつくられ、各戸の庭を含め緑が豊富で、健康的な環境づくりが目指された。

また、ドイツのまちには「シュレーバーガルテン」（日本では「クラインガルテン」と紹介されることが多い）と呼ばれる庭が散在している。地元のフェラインが管理する1ブロック程度の庭で、市民に安価な値段で貸し出している小さな菜園である。人々はそこで思い思いに野菜をつくったり、花やハーブを植えて、庭仕事を楽しんでおり、質の高い「都市の緑」を形成している。それにより、都市住民の健康や生活の質の向上も実現されている。

このように狭義の「ドイツ人」は、昔から自然に対して畏怖の念を抱くと同時に、ストレスから開放される場所としての自然、故郷の原風景としての自然といったように、自然を文化的価値のあるものとして認識し、親しんできた。

その一方で、自然を人為的に管理・活用しようという考え方も強い。特にキリスト教が普及すると、自然は神の創造物であり、神の似姿につくられた人間の役に立てるべきものと見なした。自然を楽しむ文化の背景には、この「人間の役に立たせる」という考え方があるように思われる。このように、「ドイツ人」は自然に文化的価値と社会的利益の両方を見出しているといえるだろう。

2　身近なハイキング

人口の半数以上がハイカー

ハイキングはドイツ人にとってとても身近な余暇の過ごし方だ。ドイツ・ハイキング協会の2010年の資料によると、南部のバイエルン州とバーデン＝ヴュルテンベルク州では特に人気がある。確かにバイエルン州は自然が多く、農業や酪農を行っている地域が多い。その牧歌的な雰囲気は、テレビドラマなどでも頻繁に見ることができる。

同協会では、ハイキングの特徴として以下を挙げている。

・1時間以上の時間をかけること
・適切に計画されたものであること
・特定のインフラストラクチャーを使用していること
・専用の道具を用いていること

つまり、ハイキングとは計画を立てて実行するもので、ハイキング用に整備された道などを歩き、トレッキングシューズなどの専用の道具を使う。そして1時間以上の時間を費やすことである。ちなみに、ドイツ人がハイキングにかける平均時間は2時間39分。なかには本格的に泊りがけで行く人もいるが、田舎の自然を半日程度で気軽に楽しむのが一般的なようだ。

ドイツでは半数の人々が
ハイキングに親しむ

同協会の調査によると、16歳以上のハイキング人口は4千万人で、人口の5割以上を数えるという。ハイキングに出かける人は、4月から徐々に増え、8月、9月が最も多い。10月頃までがシーズンといえるが、11月から3月にかけてもハイカーの2割程度がハイキングを楽しんでいる。年齢別に見ると、若年層は年に1～2回程度だが、60歳以上になる月に数回出かけているという。

健康増進のためのハイキングプログラム

ハイキングに対して人々はどのような魅力を感じているのだろうか。ドイツ・ハイキング協会の資料によると、多くの人々が自然体験や心身の疲労回復の機会として捉えているようだ。ハイキングを通して、幸福感を感じている人も多い。またグループでハイキングをする場合には、共に歩くことでコミュニケーションが深まる点も魅力の一つだ。

また、健康増進を目的としたハイキングプログラムが設けられているケースもある。エアランゲン市の近くにエッケンタールという人口1万4000人ほどのまちがあるが、このまちにある「VHS（成人教育機関）」ではハイキングと認知トレーニングを組み合わせた「健康ハイキング」というプログラムを実施している。

VHSという組織は、市民大学やカルチャーセンターのように成人向けの教育や生涯学習を実施している非営利の機関である。正式名称は「フォルクスホッホシューレ（Volkshochschule）」。ドイツ全国に900程度あり、文化や言語、健康、歴史、哲学、時事問題などに関する講座やイベント等を展開している。また、各地域でそれぞれに独自のプログラムを実施しており、「健康ハイキング」はエッケンタールのVHSが独自に行っているプログラムだ。

2018年の5月に実施されたプログラムは、金曜日の15時から17時半まで、7キロのハイキングコースを歩く。金曜日は平日だが、午後から空っぽになるオフィスも多く、気分的には「週末の始まり」だ。参加者数は8～15人までの限定で、多すぎないことがポイントだ。参加費は9ユーロ（約900円）である。

肝心の中身だが、ドイツ・ハイキング協会が認定している「健康ハイキング」の専門家であるザビーネ・アドラー氏の指導のもと、歩行による脳機能の活性化のメカニズムやアルツハイマー予防効果についてのレクチャーを受けた後、ハイキングに出発。道中では「脳トレ」のようなエクササイズも行い、締めに参加者同士で遊びの要素を取り入れたマッサージを行い終了。皆が「あっという間に終わった」と語るほど、楽しいプログラムだったようだ。

3 アウトドア・ツーリズムのマーケティング

アウトドア・ツーリズムに欠かせない地ビール

ドイツといえばビールを思い浮かべる人が多いだろう。日本にも各地に地酒があるように、ドイツでも各地に地ビールがある。ドイツでは、各地域で自分たちの文化的アイデンティティを守る取り組みが行われているが、地ビールも地域の文化の一つとして取り扱われている。

特にバイエルン州をはじめとする南部は地ビールが豊富だ。自然豊かな小さな村にも独自の醸造所がある。「ビールハイキング」というガイド付きのツアーも催行され、『100のビアガーデンの遠足』といったガイド本も発行されるほどの人気ぶりだ。

ビールハイキングでは、例えば朝の10時に集まり、ハイキングコースを散策した後、昼食も兼ねて近くのビール醸造所兼レストランで食事をとる。実際、一般的なハイカーの支出を見てみると、3分の2がご当地の料理を食べており、食事代は日帰りのハイカーで11ユーロ（約1100円）、泊りがけのハイカーで15ユーロ（約1500円）が平均である。

ビール醸造所と公共交通事業者による共同マーケティング

ここで、地ビールの醸造所と公共交通事業者との共同マーケティングが奏功した例を紹介しよう。

森の中のビアガーデンで地ビールを楽しむ人々

ドイツには特定地域内の公共交通事業者が組織する「広域運輸連合」という団体があり、料金体系や相互の接続など地域内の公共交通を一元的に管理している。ニュルンベルク市を中心とする地域では、「ニュルンベルク広域運輸連合」が同地域の公共交通に関する各種事業を担っている。

この広域運輸連合の路線の中に、人口４千人余りのまち、ハレルンドルフ町がある。このまちでは15世紀からビール製造が盛んで、現在でも六つの醸造所が稼働している。２０１４年、同町の醸造所とニュルンベルク広域運輸連合が共同でキャンペーンを行った。キャンペーンといっても手の込んだものではない。ビールケースにハレルンドルフ町までの路線、地図、まちのちょっとした案内を掲載したパンフレットを入れただけだ。ちなみに、ドイツでは缶ビールも売っているものの、主流は瓶ビール。ケースで買うことも多いため、その点でもこのキャンペーンは功を奏し、ハレルンドルフ町を訪れる人が前年に比べて150%増えた。

先述したように、ハイキングとビールは相性がよい。ハイキングの際に自動車で出発地点まで行くこともあるが、ビールを飲めば自動車を運転できなくなる。それに対して、公共交通を利用すれば心置きなくビールを楽しむことができるというわけだ。

ハイキングの経済効果

ハイキングには様々な装備が必要になる。ドイツ・ハイキング協会の2008年のデータによると、9割以上のハイカーが耐候性のジャケットを所持している。対して、ハイカーではない人の所持率は7割程度である。デイパック、ウォーキングシューズ、寝袋といった装備の所持率も明らかにハイカーのほうが高い。

また、年間3億7000万人にのぼる日帰り旅行者のうち、ハイキング旅行者は870万人。宿泊するハイカーの平均滞在日数は3・5泊で、ハイキング目的の宿泊合計数は年間延べ3030万泊を数える。経済効果としては、年間に約75億ユーロ（約7500億円）の総売上があり、14万人以上の雇用が創出されている。

加えて、ハイキングはサイクリングによる観光に比べて2倍の売上があるという。協会では、需要の大きさと年間を通して出かけることができる点を指摘しつつ、ハイキングを単なる運動ではな

雪が積もると、まちの緑地や余暇空間がソリ遊びの場になる

く経済効果の高いライフスタイルとして捉えるべきだとしている。

このように市場としてはすでに安定しているハイキングだが、昨今の取り組みとしてはハイキングコースの拡充といった量的な取り組みよりも、ハイキングコースの標識や案内板などの設置といった質の向上に向けた取り組みに注力されている。

各地に設置されているハイキング協会も、1章で紹介したスポーツクラブと同様にフェラインであり、19世紀半ば以降に設立された老舗のフェラインが多い。しかし、会員数は減少傾向にあり、滞在時間を伸ばしたり、再訪問のインセンティブにつながるような取り組みも検討されているが、人員不足のため取り組みが負担になりつつある。こういう状況をいかに改善していくかが、今後の課題だろう。

経済効果の高いウィンタースポーツ

ドイツの気候は全般に湿度が低く、夏は爽やかで過ごしや

すい。一方、冬はどんよりとした曇り空が広がり、雪もよく降る。オーストリアやスイスに比べると印象は薄いかもしれないが、ドイツはウィンタースポーツが盛んだ。休暇にスキーに出かける人も多く、湖や池が凍るとスケートをする人も見られる。

とりわけ南部のアルプス地方では、11月から4月にかけて各地のスキー場が賑わう。1936年にはガルミッシュ＝パルテンキルヒェン市でドイツ初の冬季オリンピックが開催されたが、50万人の観客が訪れ、「雪の多い牛の村」が「冬の観光都市」へと変貌した。

ドイツにおいてウィンタースポーツが盛んになったのは20世紀に入ってからで、人気スポーツの仲間入りを果たしたのが1950年代である。連邦経済・エネルギー省の資料によると、2010年現在で年間のウィンタースポーツの消費額は164億ユーロ（約1兆6400億円）で、ドイツで盛んなスポーツ分野の中で20％程度を占める。消費額1位のサッカーに次いで2位のスキーは消費額の13％を占めている。スキーウェアなどの用具類が必要となることを考えると容易に想像がつく。また、費やされる時間に着目すると、他のスポーツに比べて2倍以上。ハイキングが気軽なアウトドアの運動であるのに対して、スキーはお金のかかるスポーツの代表格だ。裏を返せば、経済効果の高いスポーツだともいえるだろう。

4章

健康に暮らせるまちをつくる

1 散歩好きのドイツ人

散歩は文化

ドイツの人々は散歩がとても好きだ。ドイツ文化の一つに数えてもいいくらいだ。実際、「散歩好きのドイツ人」という話は日本でもよく紹介されているし、外国人向けのドイツ語の教材などでもドイツの生活文化を代表するものとして「散歩」が取り上げられている。

ドイツでは、日曜日や祝日、クリスマスやイースターなどの時期に実家を訪ね、食事をともにする習慣があるが、食事の後に三世代揃って散歩をすることもしばしばだ。森林の豊富なエアランゲン市では、家族連れで森を散歩する姿もよく目にする。友人宅を訪問しても、散歩に行くことが多い。このような散歩の文化は18世紀後半頃から普及し、文豪のゲーテやシラーも散歩好きで知られる。ハイデルベルク市（バーデン＝ヴュルテンベルク州、人口16万人）は大学のまちとして知られているが、ゲーテやヘーゲルなどが歩いたとされる「哲学者の道」があり、観光地にもなっている。

「散歩」と訳されるドイツ語の「Spaziergang（シュパツィーアガング）」は13世紀頃からある言葉だが、この単語の頭に「森（Wald／ヴァルト）」や「まち（Stadt／シュタット）」を付けた言葉もあり、「森の散歩」「まちの散歩」を意味する。いずれにせよ、ハイキングと同様、明確な目的はなく、ただ歩くことが目的だ。散歩は心身の回復を促し、同行者がいれば会話も弾む。散歩の途

ドイツでは家族や友人とおしゃべりしながら散歩する姿をよく見かける

中で友人や知人とばったり会うこともあるだろう。このように、ドイツにおける散歩は都市の生活文化なのである。

高齢者向けの散歩プロジェクト

特別な装備も不要で、気軽にできる散歩は、健康のためのプロジェクトに活用しやすい。その一つとして、ドイツ北西部のエッセン市（ノルトライン＝ヴェストファーレン州、人口約58万人）での取り組みを紹介しよう。

同市では散歩のイニシアティブ・プロジェクトを２０１２年３月から始めている。５年間の活動を記念してまとめられた報告書によると、市内50地区のうち34地区で高齢者を電話などで招待し、毎週１時間の散歩を実施。集合場所は毎回同じで、習慣のように散歩をすることが意識されている。２０１７年の現地報道によると、参加者は通常24

2012年から実施されている、エッセン市の散歩プロジェクト。毎週1時間、美しい景観が続くコースを歩く（©Elke Brochhagen, Stadt Essen）

名程度で、プロジェクト開始当初は8人ほどだったという。

散歩はリーダーによって主導される。リーダーはボランティアで、その数は120名ほど。景観が美しいコースが選ばれ、参加者間の会話も弾み、1時間があっという間に過ぎ、終了後には皆でカフェに立ち寄ったりもする。

プロジェクトが本格化する時期に発表された同市報道資料によると、プロジェクトの準備は2011年10月から5カ月にわたり、12地区で行われた。高齢者協議会をはじめとする関連グループによりプロジェクトのアイデアが策定され、各地区の代表との協議が重ねられた。ここでは、「他人のために何かを行う」というモットーが掲げられ、ボランティアのリーダーたちを交えて、具体的な実行計画が立てられた。ボランティアのオーガナイズ能力は非常に高い。現在は半年ごとに市役所で情報交換を行い、さらにプロジェクトを向上させている。

この散歩プロジェクトは、2014年に州の気候保護アワードを受賞し、2015年には州の12の率先的な健康プロジェクトの一つに位置づけられた。

このプロジェクトの背景には高齢化の問題がある。エッセン市でも、65歳以上が人口の20％を占める。高齢者は外出の機会が減るため、運動の機会とともに他者との接触も減少する傾向にある。そうした引きこもり・孤立を防ぐために出されたアイデアは「散歩」であった。散歩は気軽で日常的な行為で、特別な準備も必要ない。それゆえ、参加者同士も気楽にコミュニケーションをとりやすい。参加を通して近隣同士の関係ができると、孤立のリスクも減る。散歩文化を都市政策にうまく取り込んだ事例といえるだろう。

2　まちで体を動かしたくなる仕掛け

参加者にやさしいトレーニング

エアランゲン市ではジョギングをする人をよく見かけるが、それは「走りやすいまち」だからともいえる。歩道がきちんと整備され、加えて自転車専用道も設置されているから、安心して走ることができる。さらに、市の周辺には森が広がっており、森の中でジョギングやウォーキングを楽しむ人も多い。

ここでは、市内のあるスポーツクラブの柔道部が8月の夏休み中に特別トレーニングとして行ったジョギングの様子を紹介しよう。柔道家の夏のトレーニングと聞くと、過酷に走り込む様子を想像するかもしれないが、まるで異なっている。

夏休みには、長期休暇でまちを離れる人も多い。そのため、まちにはのんびりした空気が漂う。クラブにトレーニングに来る人も少なく、そんななかで行われた特別メニューだ。参加者は、20代から60代の老若男女約10名。中心市街地近くのクラブの道場に平日19時過ぎに集合し、通常のトレーニングウェアに着替え、道場前で軽い準備運動を行い、走りだした。

皆が整列して同じペースで走るのではなく、各自のペースでばらばらに走る。加えて、途中で何度か立ち止まる場所が用意してあり、そこで様々なエクササイズを行う。早く着いた人は遅れてくる人を待ち、全員揃ったところでエクササイズを開始。参加者の体力差を考慮したメニューだ。

エクササイズの内容も、小道のガードレールに足をかけて腕立て伏せを行ったり、横向きですばやく階段を駆け登ったり、ペアを組んで交代で担ぎながら走ったりとバリエーションに富んでいる。彫刻が並ぶ公園では、ベンチを使った腹筋運動。遊具のある公園では、ブランコのフレームに柔道帯をかけた懸垂運動。60歳を過ぎても元気な男性は「どうだ」といわんばかりにやって見せ、中年女性は1～2回やって別の人に交代するといった具合だ。参加することをそれぞれが楽しめるメニューが工夫されている。

充実しているまちなかの運動スペース

エアランゲン市の面積は約77平方キロ。2017年の統計によると、住宅地が約14%、これに対

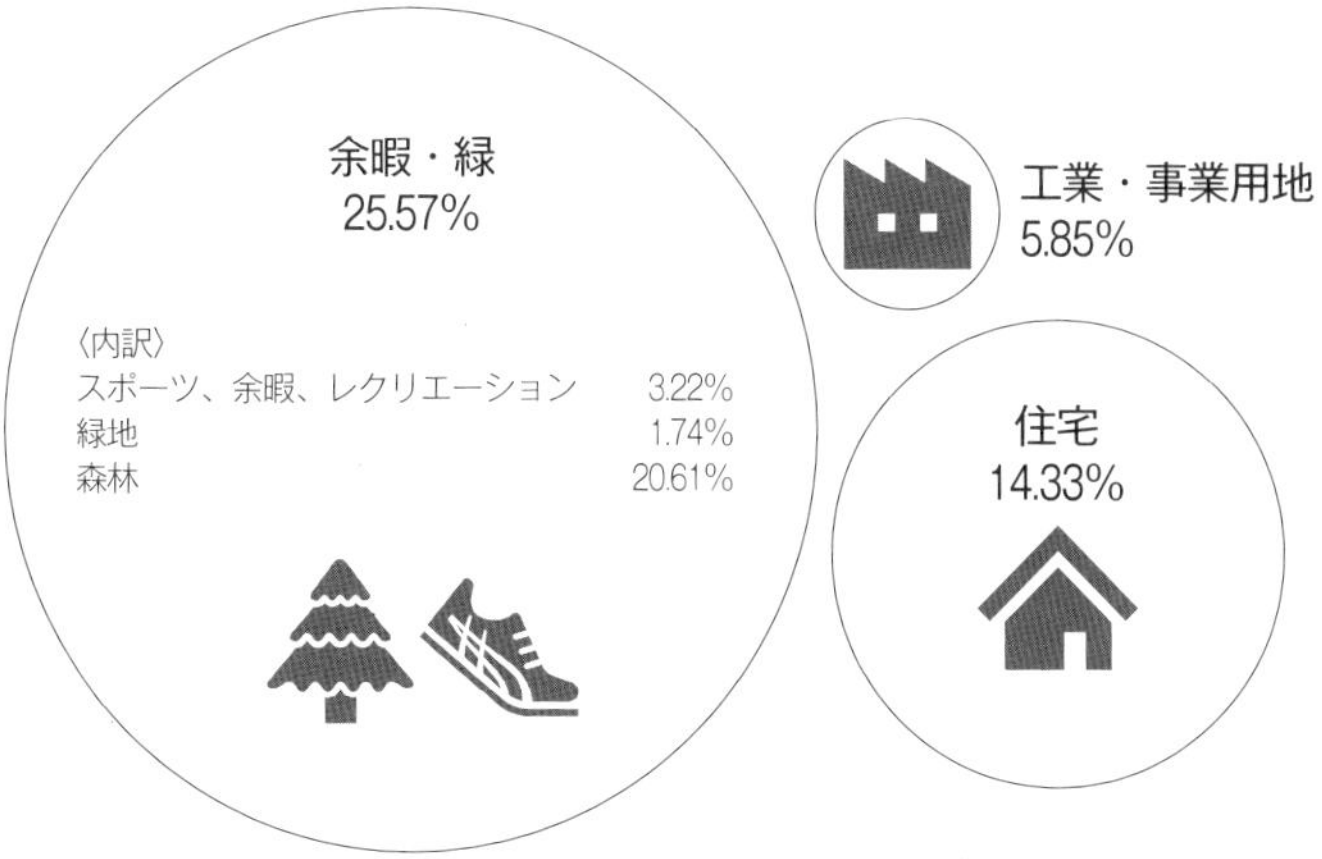

図1　エアランゲン市の土地利用（出典：エアランゲン市の2017年の統計資料をもとに作成）

して、「スポーツ・余暇・レクリエーション」「緑地」「森」を合わせると約26％になる（図1）。ちなみに工業・事業用地が約6％。そのほかは交通、農地、河川などだ。

都市の約4分の1を占める「広大な庭」の大半は森だ。日本の森と異なり平地で、道にアスファルトは敷かれていないが、整備はされており、自転車が日常的に走る。住宅地へ自転車道や歩道などが接続されているため、安全に移動できる。そのためジョギング、散歩、ノルディックウォーキングを森でする人も多い。つまり、緑地や森などは安全に「使える空間」になっている。日本と比較すると、日本の農村部に自然は多いが、歩道や自転車道のない道路が多く、安全に「使える空間」になっていないところも少なくない。

２０１８年の同市スポーツ部の資料によると、市内には19種類のスポーツができる施設が１４６カ所

スポーツクラブ「TV1848エアランゲン」とエアランゲン市が共同で整備した「ヴァイタルパーク」

整備されている。最も多いのが卓球台（52カ所）で、市内の公園などでもコンクリート製の卓球台をよく見かける。次に多いのが、子供用のサッカー場（27カ所）だ。次いで、バスケットボールのコート（21カ所）と続く。その他にも、数としてはそれほど多くはないが、ビーチバレーコート、ボルダリングウォール、ＢＭＸ用のトラック、インラインホッケー場、帯状のロープを綱渡りのように渡るスラックライン、障害者スポーツ「ボッチャ」用のコートなど、バリエーションも豊富だ。

２０１７年には、スポーツクラブ「ＴＶ１８４８エアランゲン」と市が協力し、誰でも自由に使えるトレーニング器具を並べた運動スペース「ヴァイタルパーク」が整備された。クラブのメンバーでなくても自由に利用できるスペースだ。その資金は、寄付や市の補助金、地元の協同組合銀行などから調達された。現在、自治体の間でこうした運動スペースをつくることが流行っていて、エアランゲン市周辺の小さな自治体でも予算をめぐって議会が白熱するようなシーンも見ら

エアランゲン市は子供が遊べる公園が豊富

れる。

市のスポーツ部の調査によると、人々の健康意識が高まり、好きな時間に、屋外で運動したい人が増えている。この傾向は、1章でも触れた「ゴルフ世代」に見られるように、スポーツの個人化が始まったこととも無関係ではないだろう。いずれにせよ、そういった変化に対して市が敏感に反応している様子がうかがえる。

公園は親にとっても憩いの場

エアランゲン市のサイトによると、市内には115の公園がある（2018年8月現在）。また、同市の社会文化部は公園や関連施設126カ所を管理しており、その面積は38万平方メートルにのぼる。そのうちの約18・9万平方メートルが公園である。関連施設には、サッカー場、バーベキュー場、ソリの遊び場のほか、各種スポーツ施設が含まれる。

筆者は同市の中心部の近くに住んでいるが、子供向けの公園がすぐ近くに3カ所ある。少し足を延ばせば、さらに選択肢は増える。子供が小さかった頃は、毎日のように公園にお世話になった。休日に同年代の子供がいる友人家族が訪ねてくると、よく一緒に近所を散歩し、公園で子供を遊ばせながら親同士はお喋りを楽しんだ。こうした時間は、親にとって案外重要なストレス解消のひとときでもある。その点で、公園は子育て世代にとって非常に大切な空間だ。

ちなみに、ドイツでは法律で店舗の営業時間が制限されており、日曜日はすべての店が閉まる。日本のようにコンビニもない。昨今は日曜日の営業を望む声も多いが、社会全体が日曜日になると静かになり、友人や家族とともにゆったりとした時間を過ごすことが習慣になっている。

遊具の安全基準など、公園にまつわる法律はたくさんあるが、公共の公園の必要性に関して、バイエルン州では3軒以上の住宅を建設する場合にその戸数や規模に応じた十分な大きさの子供用の遊び場を敷地内あるいは付近に設置することを法的に規定している。

3　サイクリストにやさしいまち

自転車は日常生活に欠かせないツール

エアランゲン市は「自転車都市」としても知られている。市内では、家族総出で自転車で出かける姿をよく目にする。20キロほどの距離なら自転車で通勤するオフィスワーカーもめずらしくない。

エアランゲン市の朝の通勤風景。交差点でも自転車専用のレーンがはっきりわかるようになっている

市の統計によると、エアランゲン市民の91％が自転車を所有しており、56％が少なくとも週に1回は自転車を使う。この数字からも「自転車都市」であることが見てとれる。また、日常的な「運動」としても自転車を挙げる人が最も多く、スポーツをする人の34％を占めている。

自転車で巡ってまちで活動する組織と出会う

毎年5月1日、エアランゲン市内は自転車であふれかえる。1994年に始まった「エアランガー・ラードリー」という自転車イベントだ。2018年のラードリーには2800人が参加した。参加者は市役所前の広場からスタートし、市内の決められたルートを走行。2018年のルートマップを見てみると、四つのルートが用意されている（図2）。ルートの各所には「ステーション」が用意されている。ステーションとなってい

エアランガー・ラードリーには家族で参加する人も多い

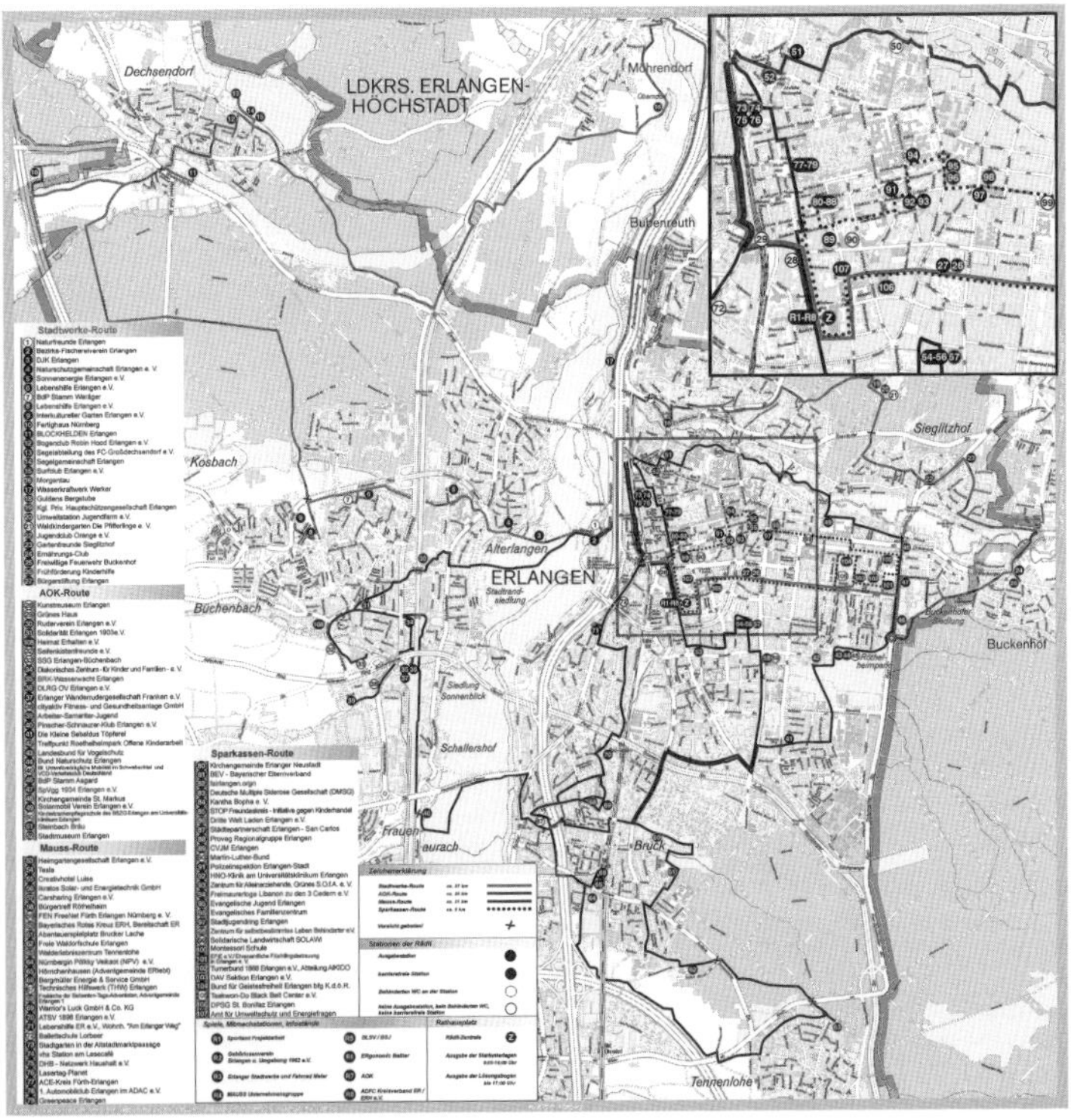

図2　エアランガー・ラードリーのルートマップ

る場所は、教会、スポーツクラブ、ミュージアム、ビール会社など様々。各ステーションでは、参加者は課題をこなしていく。例えば射的クラブであれば、アーチェリーの体験をするといった具合だ。各ステーションにはアルファベットが付けられており、課題をクリアしてアルファベットを集めると、何らかの言葉になるという仕掛けも施されている。これをゴールとなる市役所前の広場に戻った時点で確認する。

このイベントのユニークなところは、健康増進のイベントであると同時に、まちを知ることにもつながるイベントになっていることだろう。ルート上に設定された複数の「ステーション」はスタート時の1994年には35のスポーツクラブと組織が運営していたが、20周年を迎えた2013年には90以上の組織や団体が参加している。

ステーションとしてどのような組織が参加しているのか見てみよう。まずはフェライン。自然保護、グリーンピース、社会福祉、姉妹都市、カーシェアリング、地元のネットプロバイダー、ハイキング、ソーラーエネルギー、赤十字、青少年向けの野外施設、消防団など。自転車競技をはじめとするスポーツクラブも多い。消防団は日本では地縁組織だが、ドイツではフェラインとして組織化されている。赤十字もキリスト教系のフェラインで、救急車も所有している。さらには、ボランティアなどを推進している市民財団、健康増進関連施設、労働組合、警察、教会、森の幼稚園、オルタナティブ教育を行うモンテッソーリ学校、市内の森に設置されている「森の体験センター」、市営ミュージアム、コミュニティ・カレッジなど、バラエティに富んだ組織が参加している。

こういった様々な組織や施設が都市を構成しているが、住民であっても案外知らないことも多い。自転車で市内を巡るイベントを通じて、自分が住むまちにどんな組織や施設があるのかを知るよい機会にもなっている。同時に、ステーションとして参加する組織にとっても、自分たちの活動を住民に知ってもらえる機会になっているわけだ。

このように、このイベントは何かを競うものではない。それゆえ、参加者には親子連れも多く、チャイルドトレーラーをつないだ自転車も多数見かける。参加費用は1人1・5ユーロ（約150円）、家族で参加する場合は3ユーロ（約300円）と安い。また、エアランゲン市では、失業者や亡命者などの生活困窮者に向けて、格安・無料で市内の文化・福祉・スポーツ施設などを利用できる「エアランゲンパス」を2016年より発行している。このパスの利用者は、このイベントにも無料で参加できる。

横断型プロジェクトチームで自転車都市を推進

エアランゲン市に自転車利用者が多い理由としては、なんといっても自転車道が整備されていることが挙げられる。道路の状況によって違いはあるが、車道の脇が一段上げられて歩道と自転車道が分けられているもの、自転車専用の道路、車道に線を引いて分割させているだけのものなど、そのバリエーションは様々だ。

以前から整備されている自転車道は1～2%あったが、本格的に整備されはじめたのは1970

年代後半以降である。その取り組みに積極的に着手したのが、当時市長を務めたディートマー・ハールベーク博士（任期：１９７２〜96年）だった。同市長は「人間と環境の共生」という施政方針を掲げ、その中に自転車道の整備を盛り込んだ。

交通政策の中でも道路の敷設は困難を伴う。行政の様々な担当部署が関わるからだ。そこで、ハールベーク市長は財務、警察、都市計画、不動産、土木といった部署と、ドイツ自転車クラブからある程度意思決定のできるポストの人物を集め、プロジェクトチームを組織し、自らプロジェクトリーダーとしての役割を果たした。これが力強い推進力となり、プロジェクトの実現につながった。

自転車道は現在も整備が続けられており、プロジェクトチームは今も存続している。また、市民たちが「ここに自転車専用道が必要」「拡充すべき」といった声を市に対してあげるケースもある。警察も事故発生の統計や原因の分析、安全運転のための啓発を継続的に行っている。

自転車道の整備の結果、自転車の利用率は14％から30％にまで伸びた。また、１９９０年には人口10万人のこのまちで８万台の自転車が走っていたという報告もある。当時の新聞には、ハールベーク市長自身も自転車で通勤する姿が掲載されている。以降、歴代市長は自転車通勤だ。

２０１０年代に入り、近隣都市との自転車ネットワークが強化されるようになったが、２０１２年には州内38の自治体で構成されるフェライン「バイエルン自転車にやさしい自治体協会」が設立された。州全体でサイクリングネットワークを強めていこうというわけだ。その代表には、当時エ

自転車道の整備を推進したディートマー・ハールベーク元市長。80 歳を超えた現在も自転車で市内を移動している

毎年、自転車で通勤を促すキャンペーンが行われる（2012 年。中央がシーグフリード・バライス元市長、右隣がマレーネ・ヴュストナー氏）

市長とともに市内の施設を自転車でめぐる「インフォ・ツアー」がフロリアン・ヤニック現市長の発案で行われている（先頭右側が同市長）

子供を乗せて走るチャイルドトレーラーは一般的。道路事情の良さがあってこそ走行できる

駐輪場は会社やスーパーなど様々なところに設けられている

自転車専用の鉄道車両には自転車を持ち込むことが可能。鉄道で移動してサイクリングを楽しむ人もいる

人口規模	50万人以上	20～50万人	10～20万人
1位	ブレーメン	カールスルーエ	ゲッティンゲン
2位	ハノーファー	ミュンスター	エアランゲン
3位	ライプチヒ	フライブルク	オルデンブルク

人口規模	5～10万人	2～5万人	2万人以下
1位	ボホルト	バウナタル	レケン
2位	ノードホーン	インゲルヘイム・アム・ライン	ヴェットリンゲン
3位	コンスタンツ	レース	ヘーク

表1　ドイツ自転車クラブによる「自転車にやさしい都市ランキング」（2018年）

アランゲン市の「環境大臣」に相当する役職を務めていたマレーネ・ヴュストナー氏が選出された。少し補足しておくと、ヴュストナー氏の役職は日本の自治体でいえば「局長」ぐらいのポストだが、議会の承認を受けて法務・環境などの政策を担うトップ、つまり環境大臣クラスの役職である。同氏は１９９０年からエアランゲン市役所で働きはじめ、このポストに就いたのは２０００年。残念ながら個人的な理由で２０１６年に早期退職したが、自転車都市を推進した立役者だ。

「ドイツ自転車クラブ（ＡＤＦＣ／Allgemeiner Deutscher Fahrrad-Club e.V.）」では、「ドイツの都市がサイクリストにとってどれくらいやさしいか」に関する調査を2年ごとに行っている。エアランゲン市を見ると、２０１８年に行われた調査ではランキングがやや落ちているが、２０１６年の調査によると、バイエルン州内の人口10～20万人規模の

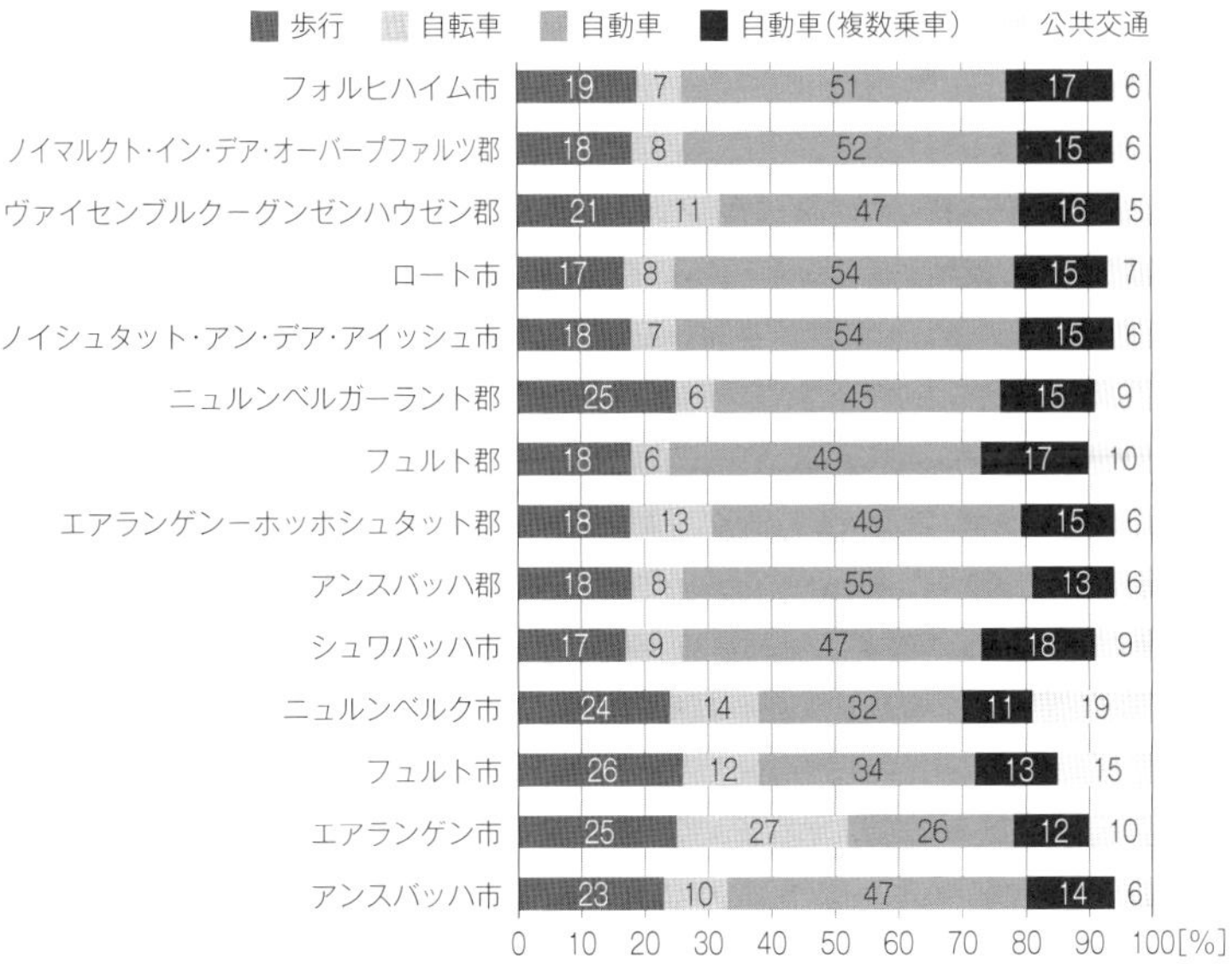

図3　エアランゲン市および周辺自治体の主な交通手段の内訳
（出典：エアランゲン新聞、2019年12月3日付をもとに作成）

都市で第1位、全国ランキングでは第3位を獲得している（表1）。

多様な交通がフェアに共存できるしくみ

自転車はスポーツの一種でもあり、日常生活の移動手段＝モビリティの一つでもある。

自転車都市であるエアランゲン市は、交通手段として約3割の人が自転車を利用するようになって久しい。2019年の調査でも同程度の割合となっており、同市周辺の自治体と比較してもその数が多い（図3）。ここでは、政策において自転車がどのように位置づけられてきたかその変遷を見てみよう。

まず、1970年代に当時のディートマー・ハールベーク市長が着手した自転車道の整備には、二つのきっかけがあった。1960年代初頭にアメリカ・ピッツバーグ市に留学で1年ほど滞在した彼は、高度なモータリゼーション社会を目の当たりにした。そのとき彼は、大量の自動車と駐車場だらけの「自動車優先」社会に危機感を抱いたという。そして、もう一つ衝撃的だったと語るのが、家族でオランダを旅行したときの経験だ。オランダの都市では自転車の普及が急速に進んでいたのである。

これら二つの都市の相反する状況を目にした市長は、エアランゲン市の自転車道整備に着手する。注目すべきは、市長の「交通の平等」というアイデアだ。

モータリゼーションの時代においては「自動車」が交通の王様だった。ところが、成熟した社会では、人はそれぞれの目的や好みによって歩行、自転車、公共交通、自動車と交通手段の「選択」を行う。また、歩行者・自転車が車道を利用すると危険であり、自動車は最適なスピードが出せない。

そこで、道路を「自動車道」「歩道」「自転車道」と分けることにより、それぞれが安全に、最適のスピードで移動できる「平等性」を実現するというのが「交通の平等」の発想である。

モータリゼーションの発達した近代には「スピード」が称賛された。例えば、20世紀初頭のイタリアでは「未来派」という前衛芸術運動が起こったが、そこでは「機械によるスピード」を称賛する一面があった。移動のための技術でも「より早く」という発想が追求された。自動車の普及は、

右から歩道、自転車道、芝生を越えて自動車道。すべての交通手段が最適な速度で安全に移動できる「交通の平等」が実現されている

その一つの到達点だったといえるだろう。「交通の平等」という発想は、こうした近代社会の価値観を転換する成熟化のプロセスの一つともいえる。

さらに、今日は「健康の増進」が新たなテーマとなっている。エアランゲン市では毎年、自転車クラブや疾病金庫により自転車通勤を奨励するキャンペーンが実施されている。主催者の一つである疾病金庫は、ドイツの公的医療保険会社で、連邦政府・州政府・自治体からは財政的に独立した法人である。医療費の削減にもつながるため、こうした健康促進の取り組みも積極的に行っており、先の自転車イベント「エアランガー・ラードリー」のスポンサーにも名を連ねている。

このようにエアランゲン市では、自転車

道の整備や自転車利用の促進を通じて、「交通の平等」「環境保全」「健康増進」という課題に取り組んでいる。

4 歩きたくなるストリート

中心市街地の歩行者ゾーンの賑わい

歩きたくなるようなまちは、どうすればつくれるだろうか。この課題は、日本でも近年、健康増進の観点から議論されている。

エアランゲン市を見ると、中心市街地がまさに「歩きたくなるまち」だ。同市街地のメインストリートの幅はおよそ14メートル、長さは1・2キロ程度。そのうち500メートル余りが歩行者ゾーンになっている。同市統計局による2015年の調査では、60％の人が少なくとも週に1回、この歩行者ゾーンを訪れている。「ほぼ毎日」と答えた人は19％だが、このエリアに通勤・通学する人たちがその大半を占めていると思われる。「少なくとも月1回」という人は25％、「たまに」と答えた人は14％である（図4）。また、歩行者ゾーンを訪れる時間帯は「午後以降」が多く、たまに来る人ほど「日によって来る時間帯はばらばら」というケースが多い（図5）。

この歩行者ゾーンも含むメインストリートには、小売店、郵便局、市役所、銀行、カフェ、レ

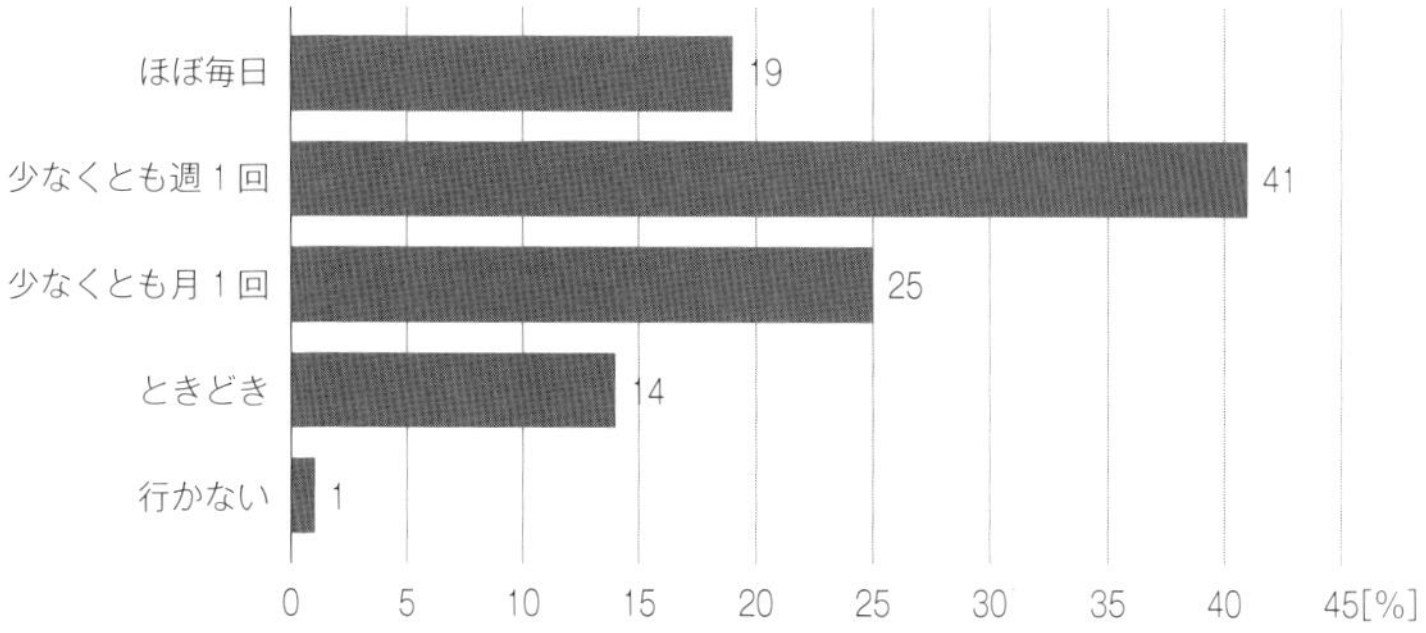

図 4　エアランゲン市民が歩行者ゾーンへ行く頻度
（出典：エアランゲン市統計局の 2015 年の資料をもとに作成）

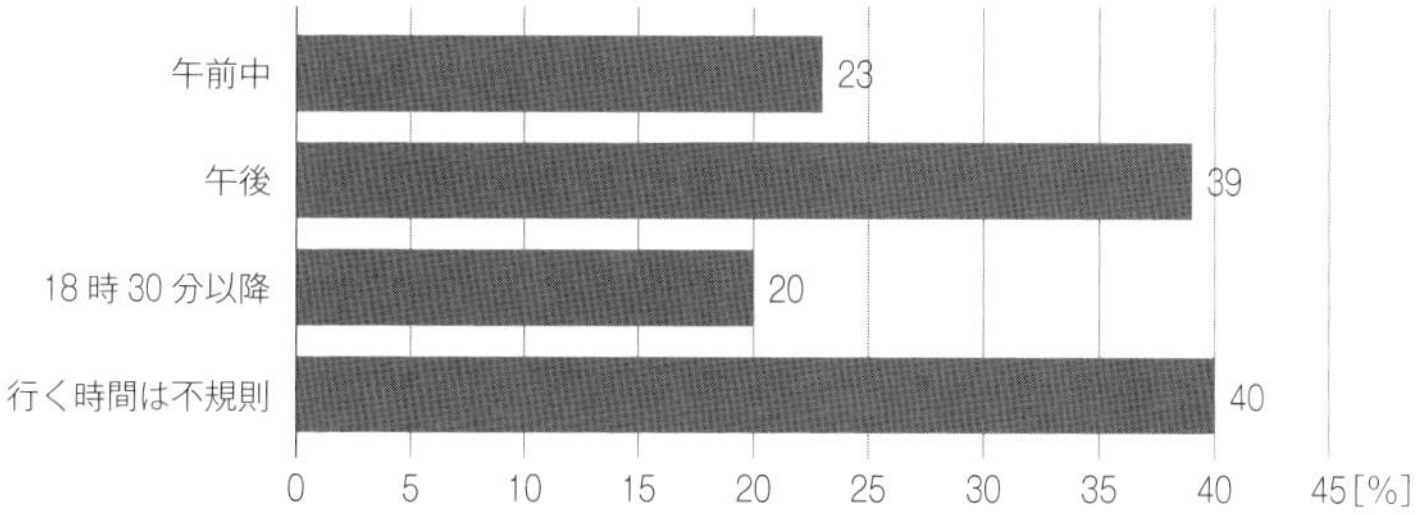

図 5　エアランゲン市民が歩行者ゾーンへ行く時間帯
（出典：エアランゲン市統計局の 2015 年の資料をもとに作成）

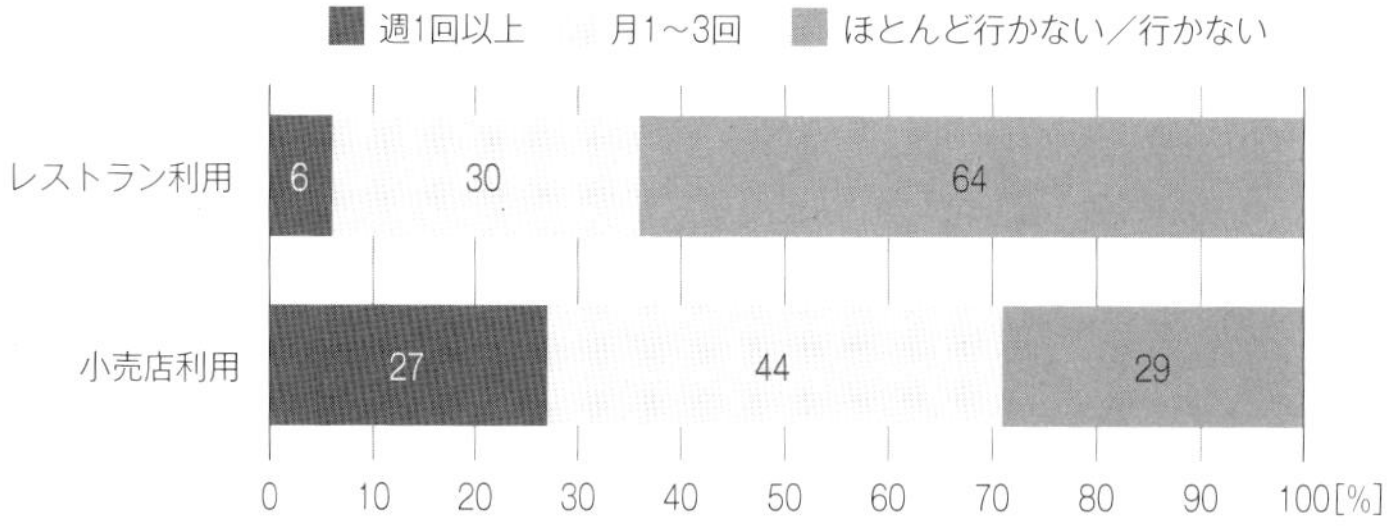

図 6　エアランゲン市民の歩行者ゾーンでの買い物とレストラン利用の頻度
（出典：エアランゲン市の 2016 年の統計資料をもとに作成）

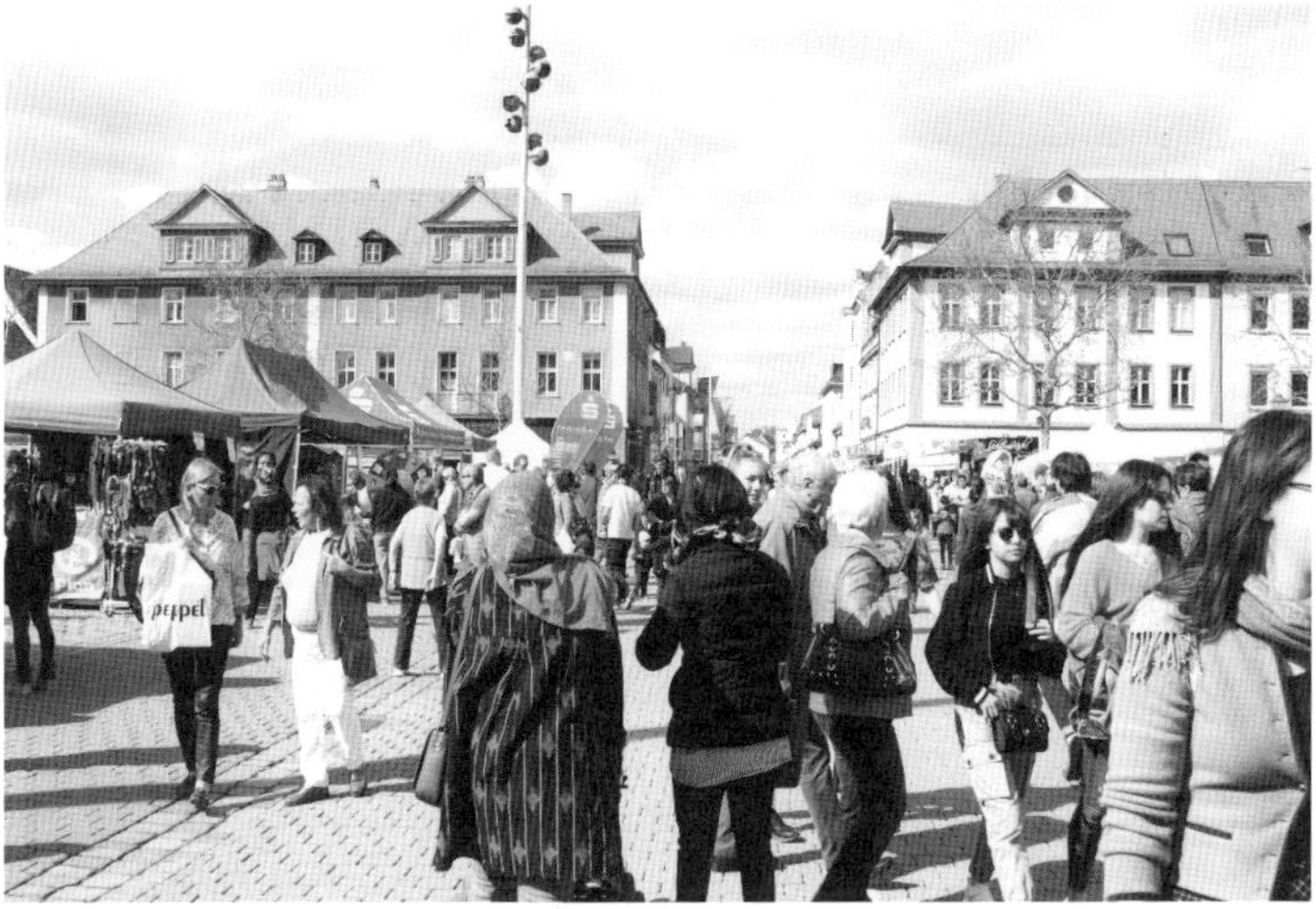

人々で賑わうエアランゲン市の歩行者ゾーン

ストランなどが並ぶ。中央不動産委員会のレポート「自治体のパートナーとしての小売店」（2017年）によると、市街地の滞留者数は1日平均約7万2400人（2011年）、販売面積数は約10万8200平方メートル（2013年）である。

また、2016年の調査によると、このエリアで「週1回以上」もしくは「月1〜3回」買い物をするという人は合計で7割以上いる（図6）。一方、レストランの利用者は4割弱にとどまっている。

ともあれ、平日でも中心市街地には人がたくさん訪れており、日本の「疲弊する地方」の光景とはまったく異なる様相を呈している。夜間になると若者が多い印象を受けるが、昼間は年齢層も様々だ。

もっとも、中心市街地が賑わっているのはエアランゲン市だけに限らない。ミュンヘン市（人口約150万人）やニュルンベルク市（人口約50万人）でも中心市街地には歩行者ゾーンが設置されており、観光地でもあることから、かなりの賑わいを見せている。一方、人口1~3万人規模のまちでも中心市街地に歩行者ゾーンが整備されているところも多い。そして、通り沿いには小売店、銀行、飲食店などが並び、さながら日本のショッピングモールのようだ。これだけいろいろな店舗が集まっていると、ウィンドウショッピングをするだけでも楽しい。ただ、ショッピングモールとは明らかに質的に異なる。その違いについて、以降で紹介しよう。

歩行者優先政策がとられた背景

ドイツにおける歩行者ゾーンの議論は1930年代からあったが、その議論が本格化するのは戦後に入ってからだ。

中心市街地で歩行者ゾーンの整備が進んだ背景には、自動車と歩行者の摩擦解消や環境問題などの他に、商業施設を誘致して賑わいを取り戻す都市開発が志向されたこともある。さらには、歴史的な建物が密集していることから、歴史的資源を再発見し活用するという側面も挙げられる。

エアランゲン市の歩行者ゾーンは1989年に整備されたが、それ以前は中心市街地には自動車が走り、広場は駐車場になっていた。歩行者ゾーン化の議論が起こったのは1970年代。排気ガスによる環境問題やバロック様式の建物が残る市街地の雰囲気を守ろうというのがその背景だ。

歩行者ゾーンになっている中心市街地のメインストリートと広場。上は 1962 年当時の絵葉書の写真で、自動車が走り、広場が駐車場になっていた様子がわかる。下は現在の様子

歩行者ゾーンに設置されているオープンライブラリー。自由に本を入れたり、持ち帰ったり、ベンチに座って読むこともできる

広場で開かれるクリスマスマーケット。ノスタルジックな回転木馬も設置され、温かい雰囲気に包まれる

デモも広場で行われる。広場は情報を交換・発信するメディアになる

しかし、小売店からはまちから自動車を締め出すと売上が落ちるのではないかと懸念の声があがった。そうした様々なステークホルダーとの議論と実証実験を重ねて、ようやく歩行者ゾーンの導入が実現された。一方、小売店の売上については杞憂に終わった。次に触れるように、市街地の多価値化が進んだことが、歩行者ゾーン化の最大の効果だろう。

中心市街地の多様な価値が人々を惹きつける

小売店や飲食店が並ぶ中心市街地は、ショッピングモールとどう違うのか。ショッピングモールには人々は消費するために訪れるが、中心市街地を訪れる人々は消費以外の目的で訪れることも多い。そこには劇場やミュージアムといった文化施設も集中し、広場ではコンサート、クリスマスマーケット、ワインフェスティバルなどの催しが行われ、さながら「青空公民館」のような場所ともいえる。人々は中心市街地に「社交」「文化の享受」「リラックス」を求めてやってくる。対して、ショッピングモールにはレストランやカフェもあり、飲食を共にする社交もないわけではないが、「買い物ついで」「ショッピング疲れの休憩」という人が多い。歩行者ゾーンの飲食店には、社交目的で来る人が明らかに多い。

さらに、ショッピングモールとは決定的に異なることがある。市街地ではデモや行進、集会などもよく行われるという点だ。こういった社会運動は、自治体のイニシアティブ・プログラムであるケースもあれば、市民グループの自主的活動もあり、扱われるテーマも様々だ。とりわけ歩

起こっていること	中心市街地	ショッピングモール
経済活動	✓	✓
市庁舎への用事	✓	
飲食	✓	✓
文化を楽しむ	✓	✓
社交	✓	✓
ただ歩く、のんびりする	✓	✓
表現・言論・社会運動	✓	

表2　歩行者ゾーンで起こっていることを整理すると、中心市街地とショッピングモールとの相違点がわかる

行者ゾーンはヒューマンサイズの空間でもある。そこにたまたま居合わせた人たち同士で意見・価値・感情を共有しやすい。人々が集まる中心市街地は、情報や意見を発信する一種のメディアのような場所にもなっているのだ。

消費を中心にしたショッピングモールと異なり、中心市街地はもともと多様な価値を有している（表2）。自動車通行を制限することで、人々は歩きながら様々な価値に触れることができる。日本では多くの自治体が「歩けるまちづくり」に取り組んでいるが、単に自動車通行を制限して歩道を拡張するだけでは「歩きたくなるまち」にはならない。「多くの価値が集積してこそ人は歩きたくなる」ことを忘れてはならない。

5　市民の健康がまちの持続力を高める

市民の3割が運動をしない

ドイツでも高齢化が進んでおり、平均寿命が伸びるにつれて健康寿命を伸ばすことが切実な課題となっている。それに対処する最良の方法は「運動」だ。

ドイツにおいても市民の運動不足は深刻だ。中高年のみならず若年層でも、慢性腰痛、高血圧、糖尿病、心臓病などを抱えている人がいる。加えて、運動不足はアルツハイマー発症の主要なリスク要因とも考えられている。これらを個人の自己責任としてしまうのは簡単だが、ドイツの各自治体ではそれを社会的問題と捉え、その解決に向けて取り組んでいる。いわゆる「ヘルスプロモーション」と呼ばれるものであり、健康な人が増えることで、医療費や介護費の削減が見込める。

先述したように、エアランゲン市には約100のスポーツクラブがあり、運動しやすい環境が整ったまちだ。市の統計資料によると、週2時間以上を行っている人が2004年の段階で約40%。2017年に発表された調査では約54%にまで増加している（図7）。

また2018年の調査によると、住民に人気の運動種目は、トップがサイクリング、次に水泳、ハイキング・ウォーキング・ランニングが続く。男性にはサッカー、女性には水泳が人気だ（図8）。なお、この調査では心身に何らかの障害を持つ人も対象にしているため、車椅子スポーツも

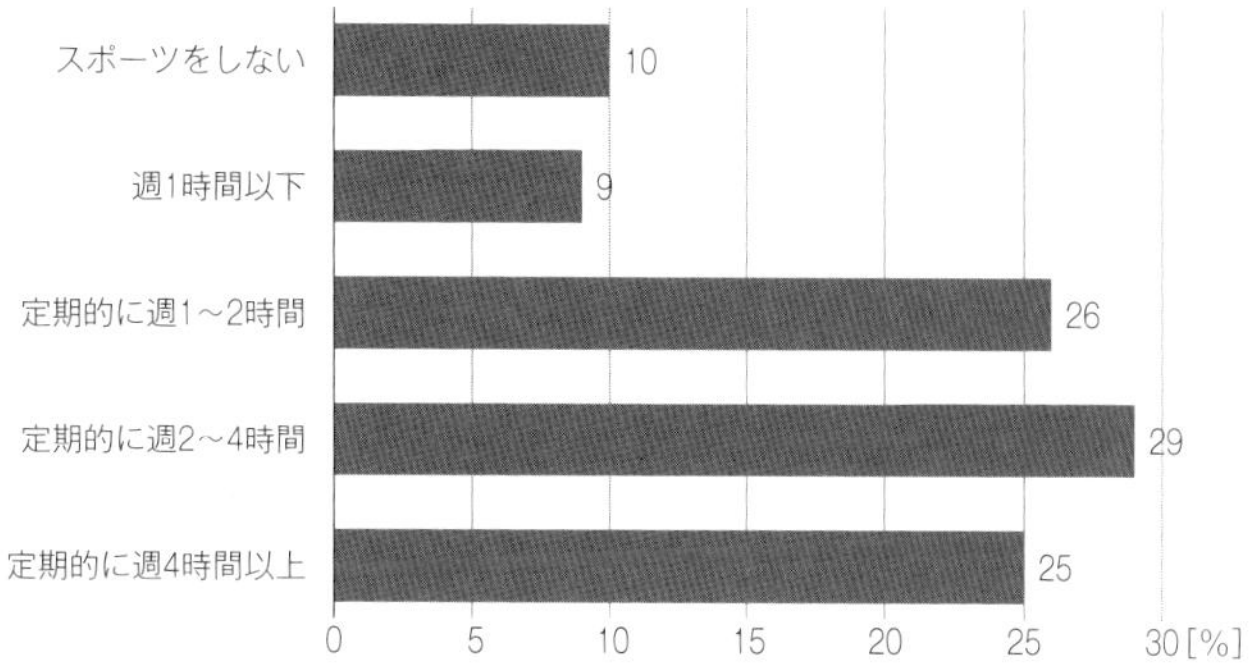

図7　エアランゲン市民のスポーツの時間と頻度（出典：エアランゲン市の 2017 年の統計資料をもとに作成）

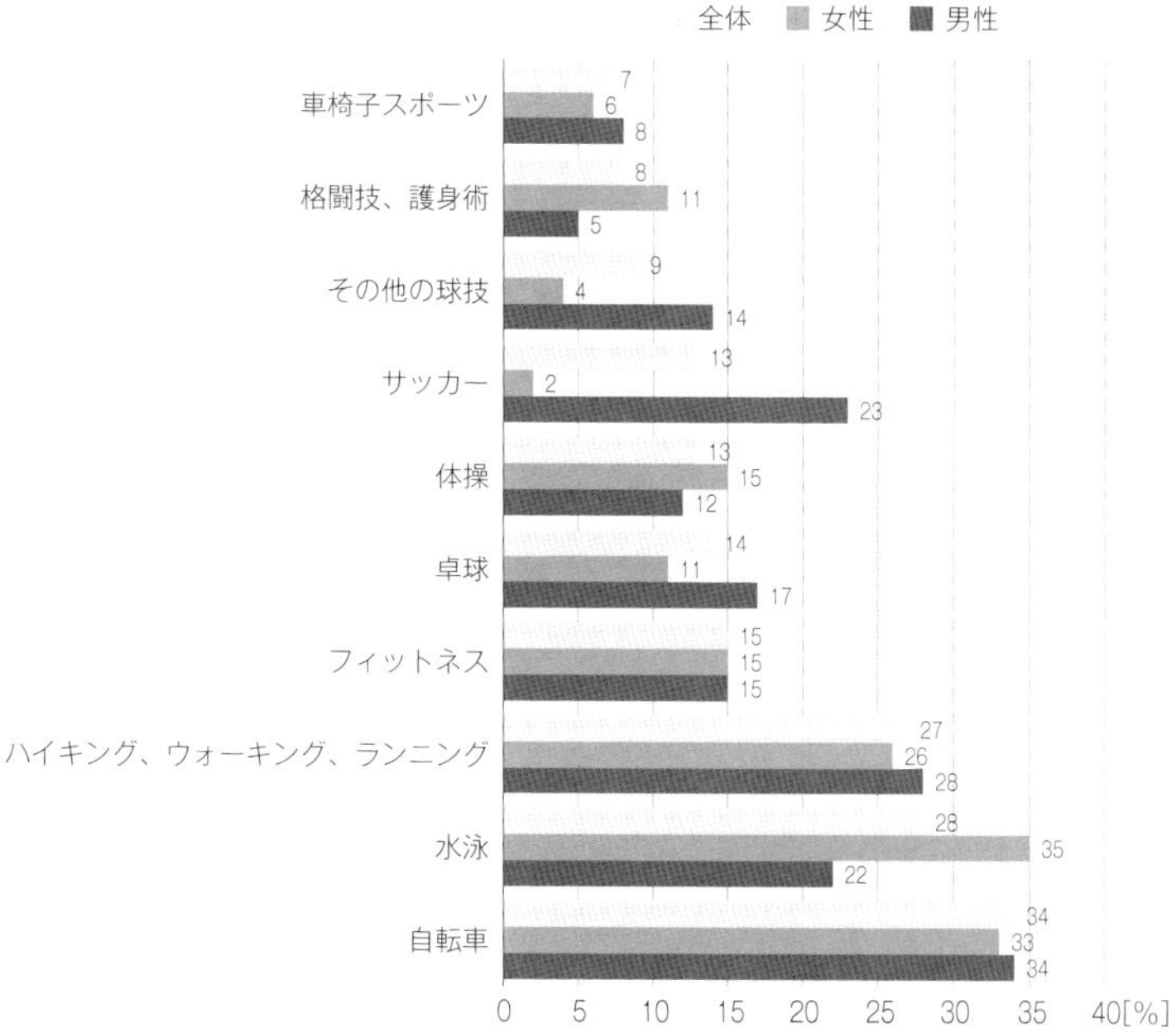

図8　エアランゲン市民に人気の運動種目（出典：エアランゲン市の 2018 年の統計調査をもとに作成）

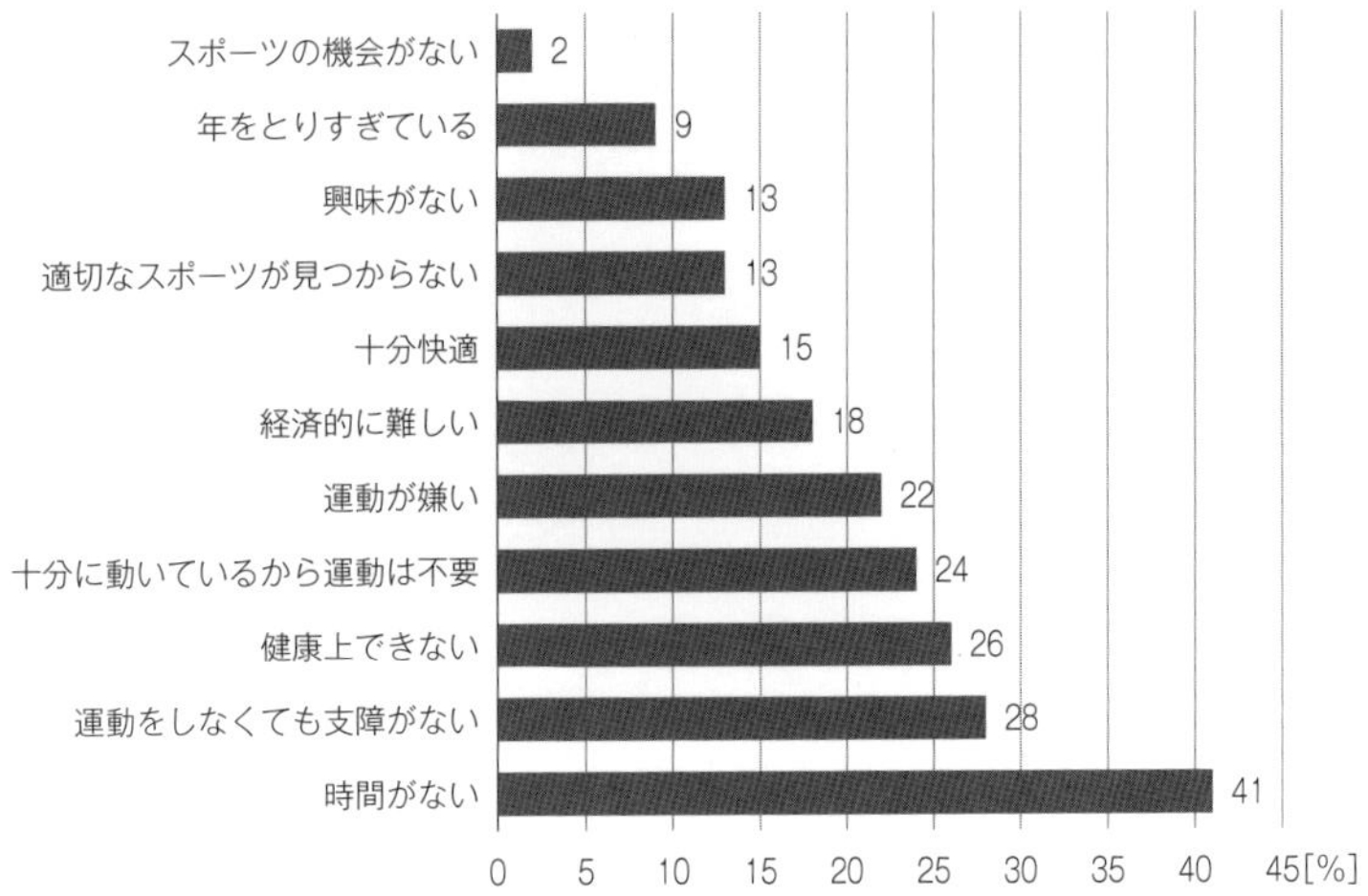

図9　エアランゲン市民が運動をしない理由（出典：エアランゲン市の2017年の統計資料をもとに作成）

ランクインしている。

一方で、運動時間が「週1時間以下」「しない」という人は3割程度いる。「週1〜2時間程度」しか運動をしない人を入れると5割程度に及ぶ。こうした人々の運動機会をどう増やしていくか。これが行政の大きな課題だ。最も多い理由が「時間がない」で41%を占め、以降、「運動をしなくても支障がない」（28%）、「健康上できない」（26%）、「十分に動いているから運動は不要」（24%）、「運動が嫌い」（22%）、「経済的に難しい」（18%）と続く（図9）。

また、45歳未満の3分の2は「時間不足」を理由に挙げている。加えて、世帯内に未成年の子供がいる人の8割程度の理由も「時間不足」だ。日本に比べると職住近接で労働時間も短いドイツだが、それでもこういう人が一定数いることがうかがえる。

エアランゲン市で実施された、運動しない人を運動に誘う「場所を変えよう」プロジェクト

さらには、「運動をしなくても支障がない」と答える人たちもいる。割合としては、運動を必要と感じていない学生が多い。若いがゆえの身体感覚なのだろう。逆に、高齢者には「健康上できない」と答えた人が多い。

同調査でさらに着目しておきたいのが、18%の人が経済的理由を挙げている点だ。エアランゲン市の経済力はドイツ国内でも高いほうなのだが、それでも貧困層はいる。欧州全体でいえることだが、教育水準が低い人、あるいは経済的に困難な人ほど、運動に取り組む割合が減る傾向にある。

同市の平均月入は約1960ユーロ（約19・6万円）だが、経済的に困窮している人の平均月収は約940ユーロ（約9・4万円）しかない。彼らのほとんどがパートタイムなどの非正規の仕事に従事している人である。市としては、こうした人々に対してはなんらかの資金的支援や情報提供が必要だと考えている。また実際、社会的に恵まれない市民のために、格安・無料で市内の文化・福祉・スポーツ施設などを利用できる「エアランゲンパス」を発行したりしている。

エアランゲン市の運動促進プロジェクトを主導するスザーネ・レンダ＝カッセンス副市長兼スポーツ大臣

このような状況に対して行政もただ手をこまねいているだけでなく、運動をしない人に運動を促すプロジェクトを実施している。ここでは2017年9月から10月にかけて実施された「場所を変えよう」というプロジェクトを紹介しよう。サッカー、ヨガなどいくつかのスポーツを無料で体験できるプログラムで、「スポーツシューズに履き替えてソファとは別のところへ行って動きましょう」というモットーが掲げられた。それでプロジェクト名が「場所を変えよう」というわけである。約400名の登録があった。

このプロジェクトで注目されるのが、主催者である。スポーツクラブ、健康保険を扱う企業健康保険基金会社、そして市の三者が共同で主催しており、「NPO」「企業」「行政」がタッグを組んでいる。とりわけ施設や人的資源が豊富なスポーツクラブが主催していることが、プロジェクトの実現に大きく貢献した。

このプロジェクトを主導したエアランゲン市の副市長でスポーツ大臣のポストも兼ねるスザーネ・レンダ＝カッセンス氏

高齢社会では社会的健康を伸ばす政策が必要

は次のように語る。「25～45歳の層で運動をしない人たちが多い。彼らにとって運動は魅力がないものなのでしょうか？　お金がかかるから敬遠されるのでしょうか？　この20年、行政も様々な施策を実施し、スポーツ分野で活躍している人たちの努力にもかかわらず、状況はあまり変わりません。彼らが運動を継続できる道具（しくみ）の開発が必要です」。

社会的健康を促進する都市計画

ドイツの諸都市は市壁に囲まれた中世都市から発達してきた経緯がある。壁に包囲された空間の中で疫病が発生すると、たちまち感染する事態がしばしば発生した。この経験が公衆衛生の発達にもつながったと考えられ、実際のところ感染症を予防するために衛生状態を改善することは都市計画的にも重要な取り組みとされてきた。

その後、20世紀半ばには感染症から慢性疾患へと問題視される病気がシフトし、２０１０年の死因で上位を占めたものは癌、心疾患、心筋梗塞といった病気へと変化している。２０１２年には、これらの病気に加えて精神疾患や筋骨格系疾患も問題になっている。

ここで、改めて現代の「健康」について整理しておこう。

健康の定義は幅広い。ドイツでの議論を見ると、身体的な「健康」以外に、経済、政治、社会などの側面から総合的に健康であるかどうかを規定している。ここでは、2016年にノルトライン＝ヴェストファーレン州健康センターが発行した「都市計画と健康についてのガイドライン」に沿って概観していく。

同ガイドラインでは、世界保健機関（WHO）の健康の定義＝身体的、精神的、社会的に完全な状態を引用し、1986年に作成された「健康づくりのためのオタワ憲章」で提唱された「ヘルスプロモーション」が目指されている。ヘルスプロモーションとは、人々が自分の健康を制御・改善することを可能にするプロセスを指す。一般に健康といえば個人の生活習慣や体調管理が取り沙汰されるが、ここではそういった個人の責任とはいえない広範囲な社会的状況や環境も人々の健康に影響を与えるという見解が明示されている。

今日における健康とは、個人の年齢や性別などの諸条件、あるいは教育や労働環境、生活条件、空気の質、食糧、社会的ネットワーク、社会インフラへのアクセスなどからも影響を受けると捉えられている。したがって、都市計画においても人々の健康を切り離して考えることはできない。

ちなみにノルトライン＝ヴェストファーレン州の同ガイドラインでは、健康を決定づける要因として以下の10の条件が挙げられている。

①モビリティとアクセシビリティ
②労働条件
③生活環境
④公共のオープンスペース
⑤身体活動
⑥住宅
⑦社会インフラ
⑧社会的な結束と統合
⑨安全と保護
⑩健康食品へのアクセス

まず人々の日常のあり方に着目すると、栄養状態、身体を使った運動ができるか、ワーク・ライフ・バランスはとれているか、また社会的共通資本と呼ばれる「社会的ネットワーク」の有無、さらには「仕事」「買い物」「勉強」「遊び」といった活動はできているかといったことである。

次に、地域での雇用があるか、公園など諸施設の配置、交通ルートが適正かといったことにも言及されている。さらには、土壌・水・空気が汚染されていない自然環境が整っているかについても考慮する必要がある。

これらの条件が揃った都市は、社会的・経済的な意味も含めて健康を維持することができるわけだが、逆にいえば、人々の健康を維持できる都市は、持続可能性が高く、人間が住む場所としての質が高いことを意味している。

さらには、ドイツでは健康をテーマとした都市同士のネットワークも形成されている。1989年に当時のＷＨＯの健康都市ムーブメントの一環として「健康都市ネットワーク」が結成された。

２０１７年９月の時点で78の自治体が加盟しており、エアランゲン市もその一つだ。

また、エアランゲン市や周辺の小自治体が連携して２０１５年に「健康地域プラス」というネットワークも設立されている。地域内の健康増進と健康管理を目的としており、医療、教育、行政、その他協力組織が連携し、自治体の枠を超えた様々な取り組みが展開されている。

6　スポーツ人口を増やす政策

施設不足を解消する「ゴールデンプラン」

ここまで、ドイツの都市づくりにおいて、時代の変化に即して「健康」「スポーツ」という観点が採り入れられてきた経緯を見てきた。最後に、「ゴールデンプラン」と呼ばれる戦後の施設不足を解消する政策について紹介しよう。

「ゴールデンプラン」の発端は１９５９年にさかのぼる。同年10月に行われたドイツ・オリンピック協会の会議において、ドイツ国民の健康問題とスポーツ施設や公園などの施設不足について話し合われた。当時の会長、ゲオルク・フォン・オペル博士は、施設の計画と資金調達の必要性を呼びかけた。「ゴールデン」という名称には、健康が人間にとって最も大切なものだという意味が込められている。ちなみに、オペル博士は自動車メーカー・オペルの創業者アダム・オペルの孫で、会社経営者でもあり、ボート競技の世界クラスのアスリートでもあった人物だ。翌１９６０年、同協会は「健康、遊び、レクリエーションのためのゴールデンプランに関する覚書」を提出する。当時の国民の健康状態やスポーツ関連の施設が不足している状況を詳細に記した覚書には、その対策に必要となる資金として総額60億ドイツマルク（約３０００億円）以上という金額が示された。その資金は政府、州、自治体が共同で負担し、早くも翌61年に施設の建設がスタートしている。

ちなみに、これと同時期に、同様の問題提起が別の組織からも出されている。１９５９年11月、ドイツ・スポーツ連盟（ＤＳＢ）が臨時会議を開催し、「スポーツと余暇」というテーマで話し合いが行われ、スポーツクラブによる既存のトレーニングや競技などに加えて、「第二の道」を構築することを打ち出した。体系的なトレーニングを行い、記録や勝利を目指すアスリート向けのスポーツが「第一の道」。それに対して、万人ができるレクリエーションや遊びも対象にするスポーツが「第二の道」である。当時のドイツは、まだ戦後の傷跡も残っており、住宅や各種施設の建設が優先的に進められていた。そんな中、ゴールデンプランが登場した背景には、生活環境の整備が完了し「都市の質」を高める方向に舵が切られたこと、人々の労働時間の短縮が進み、余暇に充てる時間が増えつつあったことがある。また１９５６年には、アメリカ・フィラデルフィア市で「国際レクレーション会議」（１９５６年）が開催されるなど、当時の国際的な潮流も少なからず影響を及ぼしていたようだ。

１９６０年からスタートしたゴールデンプランは「第二の道」を実行するための場所を整備し、

スポーツのインフラ整備の基盤となっている。

ところで、旧東西ドイツの格差の問題は今なおドイツ国内で大きな課題として残っているが、スポーツ分野も同様で、旧東ドイツの諸都市では施設や設備の老朽化が進んでいた。これを受けて、1992年には旧東ドイツの地域を対象とした「ゴールデンプラン・イースト」が採択されている。

余暇・健康のためのスポーツ推進

施設整備に重点をおいたゴールデンプランと伴走するかたちで、1960年代から余暇・健康のための「第二の道」という考え方が出てきたことは先に触れたが、その代表格の取り組みがドイツ・スポーツ連盟によって1970年代に開始された「トリム運動（Trimm-dich-Bewegung）」だろう。トリムとは「訓練する・鍛える」という意味の「Trimmen」に由来し、その目的はこれまで本書で紹介してきたような健康・運動キャンペーンと同様である。自重運動や体操、ジョギングなどを行うもので、そうした運動ができる公園や森の中のコース（2～4キロ）も整備された。

ここで、余暇・健康のためのスポーツに関連する用語を整理しておこう。

まずは「万人のためのスポーツ（Sport für Alle)」。英語でいえば「Sports for all」だが、この言葉はゴールデンプランが提唱されはじめた1960年代から今なお使われている。

また、「ブライテンシュポルト（Breitensport)」という言葉もよく用いられる。直訳すると「幅広いスポーツ」で、趣味や気晴らし、健康・体力の維持や増進、仲間とのコミュニケーションや楽しみといったことを目的にしたスポーツを指す。競技に出場する人の中にも、あくまで「幅広いスポーツ」として試合を楽しむ人も多い。ほかにも「フライツァイトシュポルト（Freizeitsport）」という言葉もある。直訳すれば「余暇時間のスポーツ」。これも１９７０年代から使われている用語だ。

エアランゲン市におけるスポーツ普及

ゴールデンプランやトリム運動などの取り組みは、各都市では実践されてきた。

エアランゲン市のスポーツ部設置40周年を記念して製作された冊子によると、１９７４年にはデクセンドルファーヴァイアー湖周辺にレクリエーション施設が整備され、そこに「トリムパーク」という公園がつくられている。また、１９８９年、91年、99年には、市の催しの中にトリム運動が採り入れられた。１９９３年にはスポーツクラブ「ＴＶ４８エアランゲン」が「緑の中のトリム」というジョギングイベントを開催。５００人のランナーが参加している。

他にも、エアランゲン市では「１０００ポイントプログラム」という取り組みを継続的に実施している。「誰でも無料で参加できる運動プログラム」であり、年間を通したプログラムが作成されているが、２０１７年の場合には5月から11月にかけて25回のプログラムが行われている。場所は毎回異なり、市内のスポーツ施設や公園、プールなど様々だ。ハイキングやサイクリングに出かけることもある。

「1000 ポイントプログラム」を楽しむ参加者たち

ポイントを集めるスタンプカード

「1000 ポイントプログラム」の運営を担当しているイングリット・リッソン氏

参加者は各回の運動に応じて、カードにスタンプを押してもらう。一例として、市内のグラウンドで行われたプログラムを紹介しよう。スタートは9時15分。グラウンドにはいくつかの運動が用意されている。サッカーボールを蹴って、ゴールを模した的に入れるゲーム。ホッケーのスティックを使って、ジグザクにボールを操っていく運動。さらには、音楽にあわせて健康ボールをスティックで叩く運動。こういった種目が10程度用意されている。参加者は、一つの運動に対して10ポイント分のスタンプを押してもらう。こうして、年間に1000ポイントを集めるしくみだ。実際の運動内容を見てもわかるが、高齢者向けのスポーツプログラムになっている。

注目すべきは、この取り組みの継続力だろう。プログラムが開始されたのが1967年。ちょうど、ドイツ国内で「万人のためのスポーツ」が本格化しつつあった頃で、70年代のトリム運動以前である。2017年には、プログラムを開始して50周年を迎えた。現在の参加者は高齢者が中心だが、以前は家族連れの参加も多かった。つまり、プロジェクトとともに参加者も年齢を重ねてきたのだ。

開始当時、運営を任されたのがエゴン・フォン・シュテファニー氏だ。フォン・シュテファニー氏は1919年生まれ。ベルリンのスポーツアカデミーを経て、1941年に体操教師になった。戦後47年にエアランゲン市に移り住み、スポーツクラブ「TV1848エアランゲン」でテクニカルディレクターとして働きながら、スポーツイベントの企画なども行った。その他にも様々なスポーツクラブなどで指導活動に従事しており、エアランゲン市に拠点を置くシーメンス社のスポーツセンターの責任者も務めている。

現在の運営責任者であるイングリット・リッソン氏は、１９７４年にフォン・シュテファニー氏から任務を引き継いだ。フォン・シュテファニー氏は、２０１１年に91歳で亡くなるまで現役を貫き、エアランゲン市のスポーツ界のまさに「レジェンド」のような存在だ。長年このプログラムに参加している市民や市のスポーツ関係者からの人望も厚く、カリスマ性の高い人物だった。市内には同氏の名前を冠したスポーツ施設もあり、「万人のためのフィットネスの父」としてまちにその名を刻み込んでいる。

5章

スポーツが地域経済に与えるインパクト

1 スポーツの経済効果

各自治体におけるスポーツの経済効果に関しては、測定も難しく、関連する調査資料もなかなか見当たらない。一方、ドイツ全体での経済効果については統計・研究が散見される。ここでは、2013年にケルン大学で作成された「経済的観点からのスポーツの価値」に沿って見ていこう。

スポーツ業界のGDPは、全GDPの3・7％に相当すると算定されている（2008年）。この数字は、保険業界（4・0％、2009年）と同程度だ。さらに、スポーツ関連のGDPの総額913億ユーロ（約9・13億円）のうち、872億ユーロ（約8・72億円）が一般家計の消費によるものだという（2008年）。

一方、スポーツ産業そのものは拡大している。1990年代に1・4％程度だったスポーツ関係のGDP比率は、2008年には3・7％まで上昇した。

2 行政によるスポーツ支援

行政は、トップクラスの競技スポーツから誰でもできる余暇のスポーツに至るまで、様々な支援を行っている。ここでは、連邦政府とエアランゲン市の支援について見ていこう。

連邦政府のスポーツ支援

連邦政府のスポーツへの経済的支援は、家族・高齢者・婦人・青少年省、国防省、連邦労働社会省など複数の省庁から支出されている。注目すべきは、支援の原則だろう。2014年の連邦政府資料によると、「スポーツ組織の自治」「補完性」「パートナーシップ的な協力」が掲げられている。

①スポーツ組織の自治

スポーツ組織としては多くの場合スポーツクラブ（フェライン）が当てはまるが、こういった組織の自治を遵守し、その保護を行うことがスポーツ促進の原則と考えられている。フェラインの独立性・自主性が法律で保証されていることとも符合する。

②補完性

これはスポーツのみならず、一般的な連邦政府と自治体との関係を表す原理でもある。個人でできないことは自治体で、自治体でできないことは州で、州でできないことは連邦で、さらに高度なことはEUでという順序で問題解決を行う原理である。スポーツに対する支援も、基本的にはその自治組織が自前で調達するのが原則だ。

③パートナーシップ的な協力

連邦政府は、スポーツを扱う機関・組織と政府が緊密に連携し、パートナーシップに基づいた協力関係を結んでいる。実際、内務省とドイツ・オリンピック・スポーツ連盟は、2013年に協力に関する合意を交わしている。

エアランゲン市のスポーツ助成

ここで、人口約11万人のエアランゲン市のスポーツ予算を見てみよう。

同市はドイツ国内でも1人当たりのGDPが高く、市民の教育レベルも高い。1990年代終わりから、当時の市長シーグフリード・バライス博士が医療技術に特化した経済発展と市民の健康意識を高める「健康都市」政策を進め、歴代の市長が自転車推進政策を継続するなど、スポーツ・健康に関わる政策を推進してきた。

同市の2018年の年間予算は4億2209万ユーロ（約402億円）。うちスポーツ部の予算は5306万0000ユーロ（約5億3000万円）であり、約1・3％に当たる。

スポーツクラブに対する支援も行っており、2018年には市内のクラブに対して総額20万7900ユーロ（約2000万円）を支給。加えて、スポーツイベントなど任意で行われたものに対しては36万7700ユーロ（約3600万円）を支援している。市は「競技スポーツ」と万人向けの「幅広いスポーツ」の両方に対して支援を行っているが、支援のためのガイドライン（2018年1月1日現在）には、「健康、教育および社会的重要性が考慮された取り組み」であることが明記されている。また、助成金はあくまでもケースバイケースで、恒久的に支援を受ける権利が得られるわけではない。

助成の対象を見てみると、施設の建設や改修、学校教育でも使用されるスポーツクラブに対する支援、市所有の用地のスポーツ施設へのリース、芝生の手入れなども助成の対象になっている。また、大がかりな設備が必要なスポーツ部門をスポーツクラブが立ち上げる際にもその調達に対して助成している。

さらには、施設や設備に対する支援以外にも、国際イベントを主催したり、参加することに対しても支援が行われている。姉妹都市とのスポーツ交流もその対象だ。エアランゲン市では、海外13カ国の都市と何らかの提携を結んでいる。使節団の往来のほかに、アマチュア・ロックバンドが演奏のために相互に訪問するなど様々な交流が行われているが、そこにスポーツも含まれる。

一方、エアランゲン市では、スポーツクラブでトレーナーとして働いている人が700人近くいる。彼らのほとんどは、本業を持ちながら活動している有償ボランティアだ。そのようなトレーナーたちに対しても助成が行われている。ちなみに、スポーツ分野のみならず、慈善目的の活動に関しては年間2400ユーロ(約24万円)まで非課税とされている。

ほかにも、万人向けの「幅広いスポーツ」への支援として、クラブメンバー以外も無料で参加できるイベント、特に高齢者や障害者向けの社会福祉に該当するような無料イベントの開催も助成の対象だ。「競技スポーツ」への支援としては、旅費、宿泊費、トレーナーの人件費、特別なスポーツ施設の設置、スポーツ医療などが助成の対象になっている。

3 企業のスポンサリング

スポーツによるイメージ戦略

近年、スポーツと企業はより親密な関係を結びつつある。プロスポーツのスタジアムには企業広告が並び、人気のあるプロスポーツのテレビの放映権料は莫大な金額になる。また、プロスポーツの選手が着るユニフォームなどには、必ずスポンサーのロゴが入っている。なかには、チーム名よりもスポンサー企業のロゴのほうが目立っているケースすらある。

スポーツ産業の分析などを行っているニールセンスポーツ・ドイチェランド社による「スポンサートレンド2018」という調査報告がある。調査範囲はドイツ、スイス、オーストリアの3カ国。同調査によると、企業がスポーツのスポンサーになる目的には「知名度を高める」「顧客とのつながり（B to C）を強める」「社会的責任」「ビジネスパートナーとのコンタクト（B to B）」「中長期的な販売促進」「従業員のモチベーションを高める」などが挙げられている。その中でトップに挙がるのが「イメージ」だ。

これは逆に、スポンサリングを受ける側にとっても大きな問題だ。以前、フランスの原子力企業アレヴァ社（現オラノ社）がサッカー・ブンデスリーガの「1・FCニュルンベルク」のスポンサーになっていたことがある（2008〜12年）。同社は他にも文化分野などのスポンサリングを行っていたが、こうした企業のスポンサリングを受けることに対して批判もあった。加えて、２０１１年の福島の原発事故の発生時には、反原発活動家や環境団体グリーンピース、ニュルンベルクの緑の党の議員らが、同社との協力関係について見直すことを同クラブに要求した。これに対して、クラブ側は、人々の心配や恐れについては理解しているとしながら、「アレヴァ社はいかなる犯罪行為も行っていない。契約は２０１２年まで続くが、われわれとのコラボレーションは素晴らしいものだ」と述べている（アレントツァイトゥング紙電子版、２０１１年4月7日付）。

ほかにも、石油・ガス会社、化学関連会社、金融機関などが、スポーツ支援を通して悪いイメージを払拭しようとすることがある。そのような状況に対して、「スポーツは特に効率的なイメージロンダリングだ」といった批判的な報道も見られる（ツァイト紙電子版、２０１１年3月18日付）。

こうした問題は地方のアマチュアリーグでも起こる。ギリシャでの話になるが、２０１０年に、欧州委員会が同国の財政赤字について、公表されている以上に悪化していることを明らかにした。これをきっかけとして同国の財政危機につながるわけだが、この余波はアマチュアリーグにも影響を及ぼした。地方のクラブは既存のスポンサーを失い、あるまちのクラブでは売春宿がスポンサーになり、ピンクのユニフォームをつくったこともある。これに対して、アマチュアリーグの運営組織は未成年のファンに対して不適切だと禁止した。

スポンサリングに関連して問題が起こると、スポーツと企業の健全な関係について改めて考えさせられる。

ニュルンベルク市近郊のラウフ・アン・デア・ペグニッツ市のスポーツクラブが所有するサッカー場。周囲に地元事業者の広告が並ぶ

地元企業の寄付に支えられるスポーツクラブ

スポーツクラブのサッカーの試合を見ると、どんな小さな村のグラウンドであっても地元企業などの広告が掲示されている。なかにはいかにもローカルという垢抜けないデザインのものもあるが、企業広告が並ぶ風景はトップリーグのスタジアムと同じである。広告を出す地元企業の業種は多様。パン屋、肉屋、美容院、工務店、銀行、病院など、実にローカル色が強い。さらにドイツらしい点としては、地元のビール会社、地元新聞、インフラ供給会社「シュタットベルケ」などの広告も並ぶ。こうした業種は、ドイツの地方都市で「標準装備」されているものだ。

ここで、日本には馴染みの薄い「シュタットベルケ」と呼ばれるインフラ供給会社について説明を加えておこう。このシュタットベルケは電力・ガス・水道などのインフラを供給する会社で、ドイツの多くのまちに存在している。エアランゲン市でも、1858年にガス供給を行うシュタットベルケが設立された。運営組織は株式会社だが、市が100%出資しており、500人以上を雇用している。現在は、ガス以外に電気や水道の供給、プー

ハンドボールのブンデスリーガ1部に所属する「HC.エアランゲン」のポスター。スポンサーのうちの1社が地元の建築会社であるため、建築現場にも同チームのポスターが掲示されている

ルの運営、バスの運行なども手がけている。

また、ドイツのどのスポーツクラブにもスポンサー企業がついている。たいていが地元企業だ。例えば、サッカークラブではシーズンごとに新しいユニフォームをつくるが、そのユニフォームにはスポンサーのロゴが入っている。

エアランゲン市内にあるテンネンローエ村（バイエルン州、人口約4千人）には、メンバー数約千人を数える「スポーツクラブ・テンネンローエ 1950」がある。同市および周辺地域で数多くの店舗を展開するパン製造販売会社、金属加工会社、不動産会社がメインスポンサーで、ほかにも銀行、暖房機器会社、ソフトウェア会社など9社がスポンサーになっている。そんな同クラブの設備はかなり充実しており、サッカー場は芝生と人工芝の2面を所有、クラブハウスも整備されている。

2015年に砂地だったグラウンドから人工芝のグラウンドに改修されたが、この人工芝の敷設にかかった費用は、総額約60万ユーロ（約6000万円）。この費用は、300人にのぼる個人からの寄付や州スポーツ連盟などからも調達しているが、地元の

三つのロゴが入ったユニフォーム。右上がスポーツクラブ、左上がユニフォームメーカー、中央の最も大きいものがスポンサー企業のロゴ

スポンサー企業を含め87の企業・金融機関からの寄付も受けている。もっとも、このように寄付を集めて設備を整備することはめずらしいことではなく、地方のサッカー場では寄付などの資金をもとに整備されたことを示す看板が設置されているケースが散見される。

オーナーの関心から始まったスポーツ支援

ここで、エアランゲン市のある地元企業のスポンサリングの例を紹介しよう。ペーター・ショルテン氏が経営するショルテン塗装社は社員数70名ほどの会社だ。塗装業はドイツの伝統的な職業の一つであり、同社はエアランゲン市およびその周辺地域でビジネスを営んでいる。そんなショルテン塗装社は地域内で様々なスポンサリングを行っているが、とりわけスポーツ分野が多い。複数のスポーツクラブに広告という形でサポートしているほか、「スポーツマンのための舞踏会」（6章参照）やチャリティマラソンといったスポーツイベントのスポンサーにもなっている。

エアランゲン市内で積極的にスポーツ支援を行っているペーター・ショルテン氏

ショルテン氏によると、「個人の関心」「企業イメージ」「社会的責任」の三つがスポンサリングの動機になっている。このうち、自身のスポーツへの個人的な関心が最大の原動力のようだ。1957年生まれのショルテン氏は、スキー、サッカー、マウンテンバイク、ハイキングなどのスポーツ愛好家である。また、11種目の競技を扱い、1500人以上のメンバーを抱える総合型スポーツクラブ「ゲームクラブ1904エアランゲン」の代表も務めている。さらには、エアランゲン市内のスポーツクラブを統括している「エアランゲン・スポーツ連盟」の副会長でもある。すなわち、ショルテン氏自身が、市内のスポーツ環境を向上させつつ、スポーツ振興を図っている重要なプレーヤーの一人なのだ。

1949年に同社を創業したのはショルテン氏の父親で、1982年から同氏が経営を引き継いだ。ショルテン氏によると、「父はこうしたスポンサーシップのような活動は一切しなかった」という。オーナー企業であるがゆえに、経営者のショルテン氏自身の興味がスポンサリング活動に向かわせているのだろう。

同社では、毎年スポンサリングのための予算を確保している。予算を確保する上で会社経営上の「理屈」も必要だ。スポーツには余暇や健康、コミュニケーションなど様々な社会的意義があるが、こうしたことに関わることが企業の社会的責任であると考えているという。加えて、会社のイメージアップや存在感の向上も狙っている。地元に顧客が多い塗装業ゆえ、地域での知名度や信頼性を高めることは経営的にも重要というわけだ。

他方、この家族経営の会社に、経営管理学を修めた息子のミルコ氏も参加している。「会社が社会的活動を通じて地域社会に関与すること、その責任について、常に息子と話し合っている。実際、息子はスポーツ・文化・社会福祉的なプロジェクトにも参加している」とショルテン氏はいう。もともとは同氏の関心からスタートしたスポーツ支援だが、将来は企業の「遺伝子」として組み込まれていき、経営上の一理念として成熟していきそうだ。

地元に対するお返しとしてのスポンサリング

エアランゲン市のイベントを見てみると、マラソンやトライアスロンなどのスポーツイベント以外にも、文学やパフォーマンス関連のフェスティバル、市営ミュージアムでの展覧会、野外コンサート（クラシック、ジャズ）といった「鑑賞型」の催しも行われており、ある程度の規模のものだけで年間40を超える。これらのイベントの大半で地元の企業や金融機関がスポンサーになっている。しかし、同市の商工会議所によると、どれぐらいの企業が、どの程度スポンサリングを行っているかは把握できないという。それほどまでにスポンサーを行っている企業が多いのだ。

では、なぜ企業はこのようなスポンサリングを行うのだろうか。取材の中でよく聞かれたのが、「企業は自らの利益を生み出してくれる場所にはお返しをしなければならない」という言葉だ。

ここでいわれている「お返し」とは何だろうか。

エアランゲン市に医療技術開発の拠点を構えるシーメンス社では、地域内の「アートと文化」を担当する部署を設置している。昨今、同市においても海外からの移民が増加傾向にあり、社会的統合や多様性が重要なテーマになりつつある。アートと文化の活動を支援することは、地域社会の多様性や相互理解の促進にもつながっている。そこには、様々な地域に根を張るグローバル企業であっても、拠点を構える社会に対して自分たちなりに何かしらの責任を果たそうという姿勢が見られる。

市内の協同組合銀行フォルクス・ライファイゼンバンクでも、福祉、芸術、青少年のボランティア活動などに支援を行っているほか、学校での文化プロジェクト、さらにはスポーツ分野にも助成を行っている。その金額は300ユーロ（約3万円）から1万ユーロ（約100万円）程度までと弾力的だ。同行では、支援の理由として「社会的公正の実現」を掲げている。個人主義が強まりすぎると社会が冷たい方向に進みがちだが、それを補正していくようなプロジェクトをサポートすることを方針としている。

4　企業に選ばれる地域になるために

人口2万人のまちからアディダスとプーマが本社を移さない理由

コンサルタントのハーマン・サイモン氏は、「隠れたチャンピオン」という用語を提唱し、ドイツ国内で力のある中小企業の分布を調査している。その分布状況を見ると、旧東ドイツの地方では数は少ないものの、各地にまんべんなく分散している（図1）。自動車会社や製薬会社などのグローバル企業も然りだ。

ここで、エアランゲン市の西側に隣接するヘルツォーゲンアウラハ市の企業立地について見てみよう。人口約2万4000人と小ぶりな都市だが、近隣から毎日1万7500人が働きにくる。13世紀に織物産業が興り、近郊のニュルンベルク市へ布を供給するなど、1800年頃までは人口の半分が織物の仕事に従事していた。

やがて織物産業は衰退し、サンダル・靴産業にシフトしていく。その一つの象徴が、織物業を営んでいたクリストフ・ダスラーの一家である。1920年、彼の息子アドルフとルドルフ兄弟は靴製造会社「ダスラー兄弟商会」を創業した。しかし、2人の経営方針が合わず、48年に解散。その後、それぞれが同業の会社を立ち上げた。弟アドルフが自身の愛称「アディ」と名字の「ダスラー」をつなげて社名にしたのが「アディダス」である。一方、兄ルドルフはルーダ社を設立。これが後

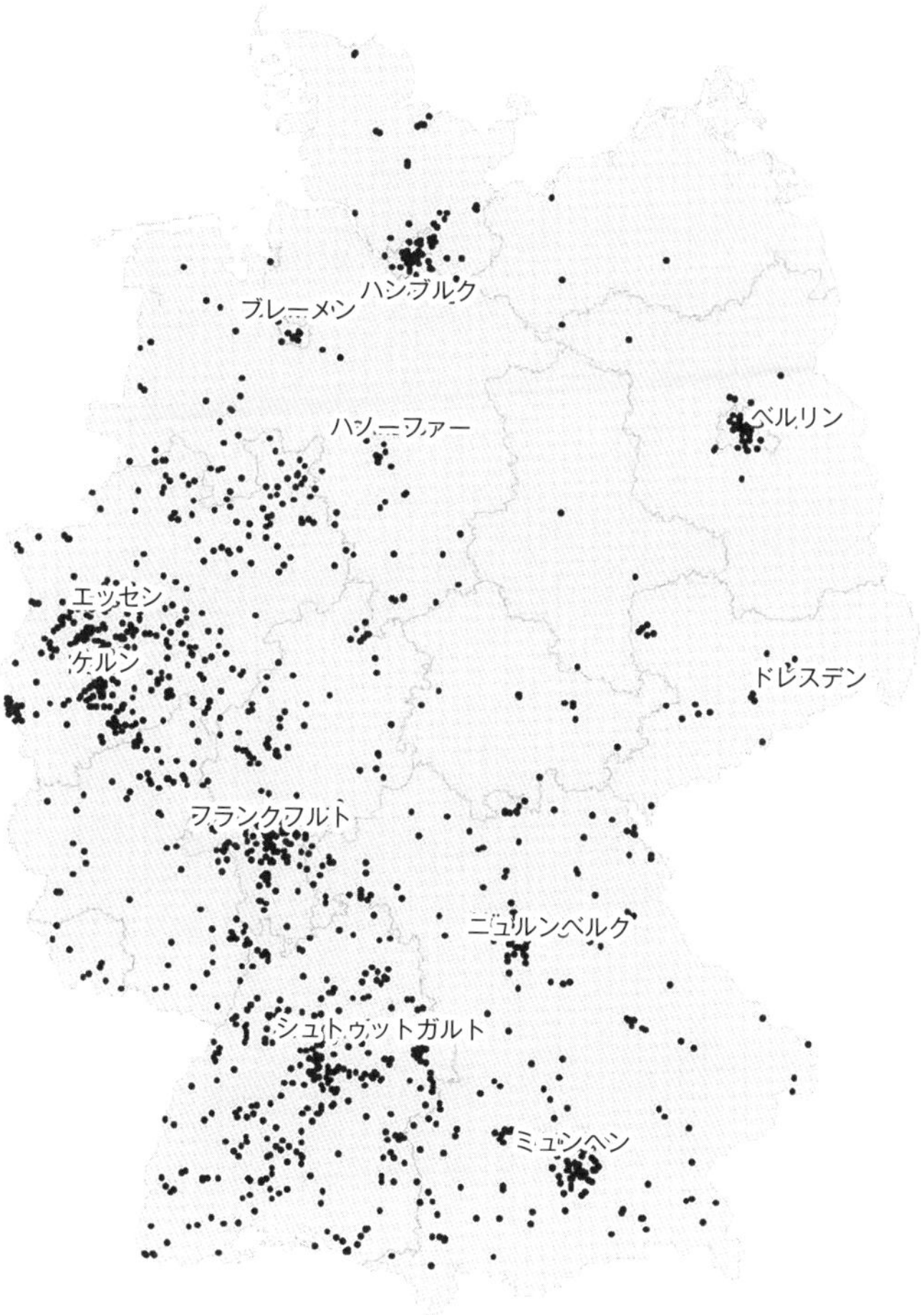

図1　力のある中小企業「隠れたチャンピオン」の分布図（出典：経済紙ハンデルスブラットのウェブサイト）

創業者の名前からつけられた「アディ・ダスラー通り」に本社を構えるアディダス社

の「プーマ」になる。さらに戦後に入って、同市に自動車部品メーカーのシェフラー社が設立され、これら3社が現在のまちの「稼ぎ頭」になっている。

この3社は今や世界的に有名な大企業だが、今日もなおこの小さなまちに本社を構えている。こうした企業は地元に雇用を生み出し、自治体とも関係が深い。アディダス社に、「なぜこの小さなまちに拠点を置き続けるのか?」という疑問をぶつけてみた。同社からは「このまちには創業者のダスラー兄弟が住んでいた。そしてアディダスが生まれた場所で、最初の靴がこのまちでつくられた。その物語は私たちのアイデンティティのようなものです。もし私たちがこのまちを去るとしたら、自分たちを特徴づけているDNAを失うことになるでしょう」という回答が返ってきた。

企業のDNAだけがこのまちに拠点を置き続ける理由ではないとは思うが、CI(コーポレートアイデンティティ)の非常に重要な部分を担っているのだろう。当然ながら、同社でも市内の様々なスポーツや文化活動にスポンサリングを

ヘルツォーゲンアウラハ市にあるプーマの本社（©iStock.com / STRINGERimage）

行っているが、その取り組みからは企業のアイデンティティとまちのアイデンティティが密接に関係しあっている様子がうかがえる。

地域の信頼性を高める投資が事業の持続性につながる

ここで、企業が拠点を構える際に「どういった場所を選ぶか」という視点から考えてみよう。自然災害の多い地域、治安の悪い地域、政治的に不安定な地域は避けるだろう。次に、物流や交通の利便性、市場との接続性、エネルギーや通信などのインフラ整備の状況も重要だ。さらに、拠点地域の雰囲気やイメージも大切だろう。加えて、従業員として雇用する地域住民の資質も気になるところだ。つまり、交通などのハード面とともに、社会の質とでもいえるソフト面についても、条件として考慮する必要がある。

文化やスポーツが充実している地域は、それらを楽しむ人が多く、まちの成熟度も高い。また、政治の透明性を高めるには、闊達な意見交換ができる人や場が多いほうがよい。地域外や外国から移り住んでくる人々を受け入れる寛容さがある地域では、イノベーションや創造性が生まれやすい。企業にとっては、こうした安定性とダイナミズムがある地域こそが、拠点地として理想的だ。

ドイツの地域には三つの経済が見出せる。それは「輸出経済」「内需経済」「コミュニティ経済（気の長い投資）」である（図2）。これらがどういうものか見ていこう。

先述したように、ドイツの企業立地を見ると、全国に大企業が散在している。中小企業も多いが、日本のような大企業の下請けという業態は少ない。中小企業も域外・国外へ輸出することで外貨を稼いでいる。これは地域の「輸出経済」である。アディダス、プーマなどのグローバル企業をはじめ、力のある中小企業などは輸出経済の担い手だ。

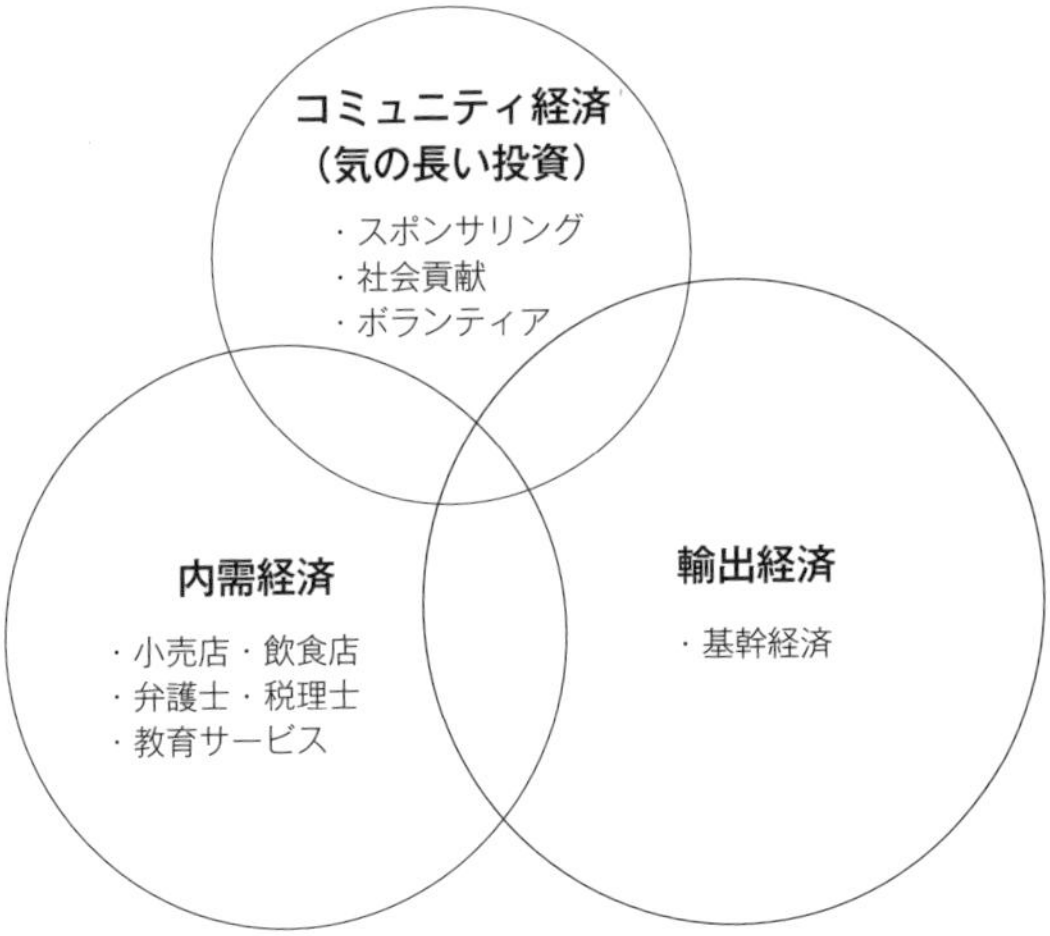

図2　三つの地域経済

地域の企業が雇用するのは、企業が立地している地元の人たちだ。また人々は買い物もするし、レストランなどで飲食もする。演劇や映画を楽しみ、スポーツクラブの会員になる。こうした人々の活動やその舞台となる施設の建設・運営等が「内需経済」を支える。

スポンサリングなどを通して企業が地域社会へ関与する目的は各社様々だろうが、事業基盤としての都市の信頼性を高めていくことになり、究極的には自らの事業を持続するための「気の長い投資＝コミュニティ経済」と捉えることができる。加えて、ドイツは市場経済の自由競争を重視すると同時に、社会全体の調和も大切にする「社会的市場経済」を標榜しているが、企業が収益の一部を拠点である地域社会に分配することは社会的市場経済の原理とも符合する。

5 健康保養都市の観光戦略

不健康な都市への反動として生まれた保養地

ここでは少し赴きを変えて、「保養」を産業にしているまちを紹介したい。

ドイツでは、保養地のことを「クアオルト（Kurort）」という。クアオルトは「治療する場所」という意味で、それを名乗るには法律で定められた条件（温泉や鉱泉の質、気候、海等の自然環境等）を満たす必要がある。

ドイツの温泉は、日本とは趣きがずいぶん異なる。一見すると、「プール」「サウナ」「庭付きの健康センター」のようだ。また、「クナイプ式」と呼ばれる療法が行われているところも多い。「水療法」「運動療法」「食事療法」「植物療法」「秩序療法」の五つの柱からなる治療法で、ドイツ南部、オーストリアとの国境近くのバート・ヴェーリスホーフェン市に住む神父セバスチャン・クナイプが19世紀に始めたものだ。いわば自然の力を利用して自らの治癒力を高める治療法で、温泉の効能を治癒や健康のために使う点で漢方の発想によく似ている。

ドイツでは、19世紀に都市が急速に拡大していくなか、人間の住む場所として「不健康」だという考え方が出てきた。その対処として、先述した都市部で緑地を増やす「クラインガルテン」の整備や、自然環境に身を置くハイキングやワンダーフォーゲルといった運動が盛んになった。こういった都市住民の健康観は、都市という「不健康な都市」への反動として出てきたもので、保養地もその一つと考えられる。

ドイツ国内には、こうした保養地が370以上ある。自己負担で訪れる人もいるが、医師の診断があれば、保険が適用される。さすがに社会的コストが高く、保険制度の運用は揺れ動き、保養地が大打撃を受ける事態になったこともある。

年間70万人が宿泊する人口2万人のまち

保養地の一例として、バート・メルゲントハイム市を見てみよう。バーデン＝ヴュルテンベルク州に位置する同市の人口は約2万3000人。まちの名前にある「バート」はドイツ語で「風呂や

バート・メルゲントハイム市のクアパークの入口

「ソリマー」内のプール

東洋的な設えでリラクゼーション効果を高めるサウナ

プール、温泉」といった意味があるが、その名のとおり鉱泉が湧いている。鉱泉は1862年に羊飼いによって発見され、もともと「メルゲントハイム」だったまちの名前の前に「バート」が付けられた。観光コースで知られる「ロマンチック街道」が通るまちの一つでもある。

保養地の要素である「クア」「健康」「観光」の三つを支える施設や組織は、大規模なクリニック、そしてプールなどが整備された「クアパーク」である。この人口2万人余りのまちに年間延べ70万人が宿泊する。ドイツの人々には長期休暇をとる習慣があるが、同市のような保養地では治療と保養を目的に3週間以上にわたって滞在する人もいる。

クアパークの広場ではコンサートも開催

2013年の同市資料における保養地関連の経済動向を見てみると、約3900人が雇用を創出しており、年間約1億5000万ユーロ（約150億円）の売上がある。

一般に、ドイツの鉱泉地や保養地では、鉱泉を服用できるホール、遊歩道などが整備され、リラックスできる広い公園も設置されている。鉱泉地としての認可を受けるためのハードルは高く、水や空気の質が重要だ。当然ながら、環境に悪影響を及ぼす産業の立地や交通量の多い場所は認められない。それゆえ、鉱泉地のまちでは環境保全や緑地の維持に注力されている。

同市は、13世紀にドイツ騎士団の居住地となった歴史あるまちだ。旧市街は決して広くはないが、広場があり、そこから約２５０メートル続くメインストリートは歩行者ゾーンになっている。広場では、クリスマスマーケットなどのイベントも開催されている。市街地に並ぶ建物は伝統的な木組みで、「中世の佇まい」を残しているが、銀行や店舗として現代的な使われ方をしている。

広場から歩行者ゾーンを歩いていくと騎士団の城館があり、現在はミュージアムになっている。この歴史的建造物が並ぶ市街地の景観や騎士団の城館は、まちのアイデンティティだ。

鉱泉を飲める飲泉所もある

さらに進むと、旧市街よりも広大な「クアパーク」が広がる。クアパークには約１２００本の樹木、春になると咲きほこる１００万近くの花々、2万以上の鉢植えなどのほか、バラ園や日本庭園などもある。１９２６年にバウハウス様式で建てられたホールなども複数あり、コンサートや演劇なども上演される。また、クナイプ式のプール、鉱泉を飲む施設、遊歩道、カフェ、卓球・体操・トリム運動などができる場所もある。さらには、療養・運動を目的とした複数の種類のプールやサウナを備えた大型の施設「ソリマー」も備えている。また、クアパークの外側には自然豊かなサイクリングコースもあり、アウトドアのアクティビティを楽しむこともできる。

ドイツの保養地は市街地と広大なクアパークが連結していることが特徴だ。都市全体があたかも「テーマパーク」のようにデザインされている。だから、訪問者は緑豊かな空間を散策し、ショッピング、飲食、運動、文化、リラクゼーションなどを享受できる。ちなみに、同市にはスポーツクラブも含めてフェラインが150余り存在しており、こうした都市コミュニティが観光地や保養地の持続力を高めるためには不可欠だ。

一方、同市の文化観光局のケアスティン・ハーン氏によると、同市ではゲストがリラックスできる「健康増進」、ゲストが自由に滞在できる「オープンさ」、ゲストにファンになってもらう「魅力」、豊かな自然と歴史・文化を堪能できる「深さ」の四つをコアにしながら、観光マーケティングを進めている。

このマーケティング方針やブランドマークは、市の観光、広報、事業開発の各部門の代表者、クアパークの管理者、ミュージアム、観光協会、広告代理店の代表などが集まって作成された。このようにクアパークは多くの関係者が連携する共同プロジェクトとして位置づけられており、市を挙げて健康保養都市の推進に取り組んでいることがわかる。1990年代後半からは、単に保養するだけでなく、保養地のリラックスした雰囲気でビジネス会議を行う需要も高まりつつあり、メルセデス・ベンツ社やボッシュ社といった企業に利用されている。

6　資源を消費させない観光開発

都心部と農村部の格差の解消

次に、バイエルン州の資源を消費させない観光開発の取り組みについて紹介したい。バイエルン州は自動車メーカーのＢＭＷやアウディなどが本社を構えるほか、ハイテク関連をはじめ競争力のある企業が数多く立地し、経済力のある州だ。２０１７年の同州のＧＤＰは前年比２・８％増で、ドイツ全体の２・２％を上回っている。豊かな自然が多い同州の経済にとって観光の比重が高まっていることから、２０１８年４月に経済省に観光局が設置された。同年の訪問者数は３９００万人以上を数え、ベッド数10以上の宿泊施設に延べ９８７０万人が宿泊している（図３）。

訪問者数や宿泊者数からは順風満帆に見える観光経済だが、その反面、農村部の飲食店の数は２００６年から２０１５年にかけて激減している。文化地理学が専門のハンス・ホップフィンガー教授の調査によると、減少の原因は複雑だが、消費者の余暇の行動の変化がその一因と見られている。

全体的に見ると、ドイツの自治体は自律性が高く、小さな自治体でも独自に様々な取り組みを行っているところが多い。しかし、農村地域では合理化や再編に伴って政治的独立を失う自治体もあり、これも飲食店の数が激減している要因ではないかと同教授は指摘している。ドイツでは気の

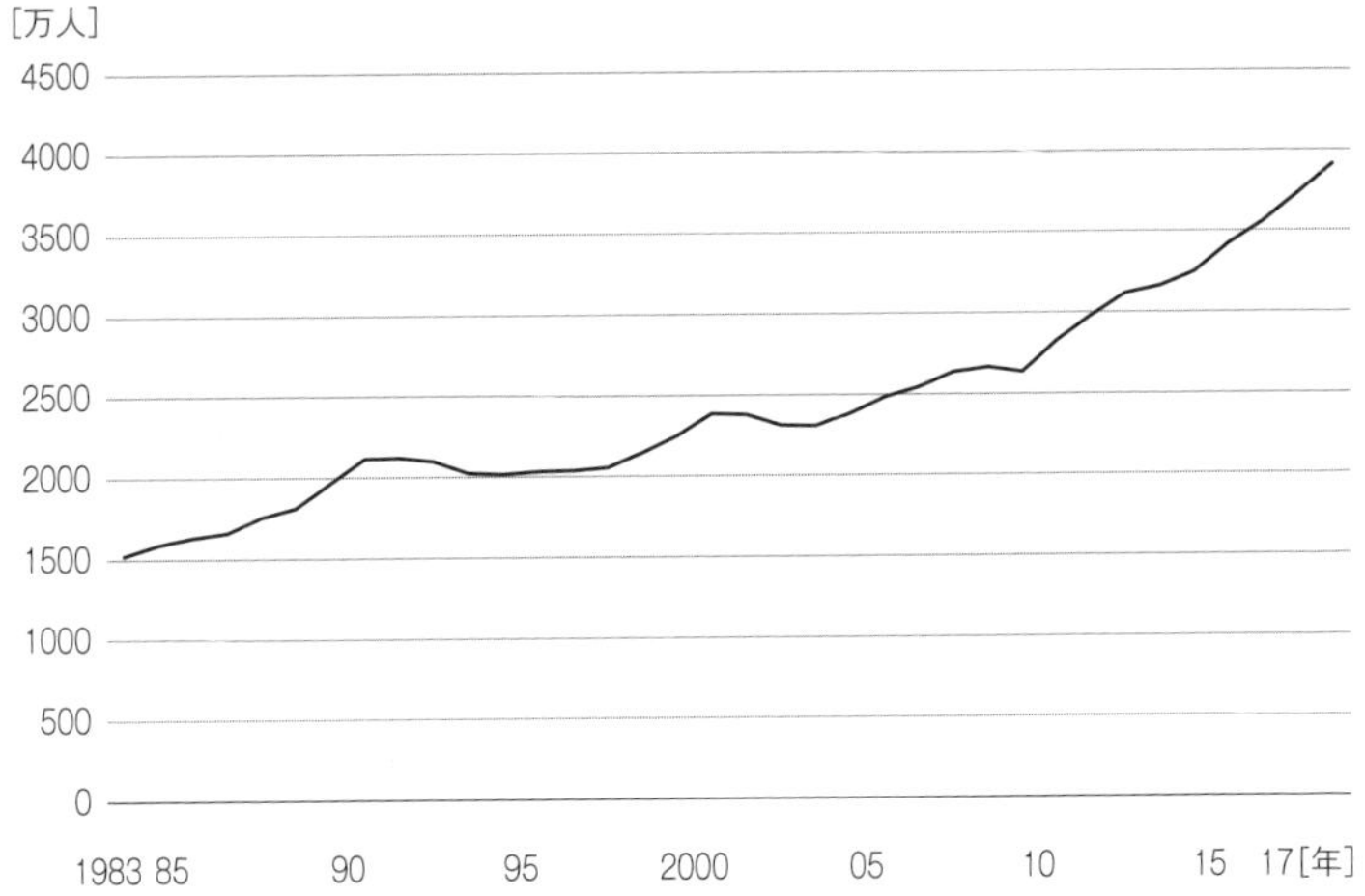

図３　バイエルン州の観光訪問者数（1983 ～ 2018 年）（出典：バイエルン州統計局の資料をもとに作成）

合う仲間同士で定期的にテーブルを囲むことを「シュタムティッシュ」というが、村の飲食店はこの「シュタムティッシュ」の場であり、いわば地域の準公式コミュニティセンターの役割を果たしてきた。それが失われつつあり、問題となっているのだ。

これに対して、同州の飲食業界も手をこまねいているわけではない。２０１８年３月には業界全体で「バイエルン・ホスピタリティ業界の未来」という取り組みを開始し、州経済省もこの取り組みを支援している。具体的には、飲食店の創業支援、働くスタッフの職業教育、既存事業者の事業継承等について情報提供や助言を行っている。

観光局の設置は、観光産業の強化により「輸出」や「ハイテク」で潤う都市部との経済格差を解消することも目論まれている。観光を通して州憲法で謳われている「州内の地域における平等な生活条件」を実現できるか、その取り組みが注目される。

バイエルン州憲法に見る自然保護の姿勢

自然に文化的価値と社会的利益を見出すドイツ人の自然観について先述したが、1970年頃から様々な環境問題が深刻化し、自然保護が叫ばれるようになった。その取り組みに関する歴史を紐解くと、早くも14世紀にアンベルク市（ニュルンベルク市の東約50キロに位置する都市）で森林保護に関する法律が公布され、15世紀には森林の持続可能性について認識されるようになった。19世紀に入り、工業化や都市化が急速に進むなか、自然保護への関心が一層高まり、様々な環境政策が実施され、現在の法制度にも反映されている。

その一例として、バイエルン州の憲法141条を見てみよう。この条項では、自然保護に関して次の3点が謳われている。まずは、将来の世代への責任としての天然資源の保護。次に、歴史、風景、芸術としての自然の保護。そして三つ目として、誰もが自然と風景を保護する義務を有するが、レクリエーションや慣習的な範囲内で森林の果実を採ることが認められている。ドイツの自然に対する姿勢が法的にも明言されている。

コミュニティありきの観光開発

観光地として成功するかどうかは、地域の自然、歴史、文化、社会、産業といった諸分野の「資源」をいかにうまく活用するかにかかっている。前述したバート・メルゲントハイム市の観光戦略でも資源の価値を高める方策が打ち出されている。

地域資源は放置しておくと眠ったままになってしまう。だが一方で、保護せずに短期間に消費してしまうような活用をすると、観光地としてはおろか、地域の持続可能性そのものが脅かされる。海外の観光客が押し寄せるようなまちでは、歴史的な建造物のまわりに安っぽい土産を売る商店が軒を連ねることで、「本物の歴史」を語る佇まいが損なわれるケースが世界中で見られる。

観光局を設置したバイエルン州政府は、観光経済政策を戦略的に展開する方針を発表している。経済大臣のフランツ・ヨセフ・プシエラー氏は、基本的な考え方として「競争力と持続可能性のための投資を行う」と述べている。加えて、州の独自性を守りながら経済発展に結びつけることが大切だという。さらに同経済相は、イベント重視の観光ではなく、人間と自然が調和した観光を推進していくことを表明し、量よりも質を重視した施策の重要性についても言及している。

このような考え方は、衰退傾向にある観光地の政策、例えば山間部の飲食店などを支援する取り組みにも反映されている。先述したとおり、こうした飲食店は住民にとって重要なコミュニケーションの場であった。そこで、そのような飲食店を「現地の生活様式の一環」と位置づけ、コミュニティありきの観光経済開発を実現するという方針が打ち出された。住民の生活空間の一部を資源として展開する観光業と人々の暮らしを両立する持続可能な観光政策が重視されている。

6章

スポーツ人口を増やすプロモーション

1　スポーツへの関心を底上げするフェストとメッセ

多彩なコンテンツが揃う、市の年間キャンペーン

エアランゲン市のスポーツ部は、1972年に青少年部の一部から独立した部署となった。2012年に発行されたスポーツ部40周年の記念冊子を見ると、毎年のように市は様々なスポーツ関係の催しを開催してきた様子がわかる。例えば、1973年には4章で紹介したトリム運動のキャンペーンを実施。1977年には「高齢者のためのスポーツフェスト」が行われ、500人が参加した。高齢者を対象とした催しとしては、バイエルン州で初のイベントだったようだ。

また、市の取り組みとして特徴的なのは、年間キャンペーンとしてテーマを決めてスポーツプロモーションを実施していることだ。1983年の「スポーツ・イン・エアランゲン」というキャンペーンでは、市民によりアクティブなスポーツ活動を奨励することを狙いとして、25キロのロードレース、シニアの陸上競技、ブンデスリーガ1部の「1・FCニュルンベルク」との親善試合などが実施され、関連するイベントや会議などは年間259を数えた。

1989年の「エアランゲンにおけるスポーツと文化」というキャンペーンでは、市内の文化とスポーツのフェラインを紹介するのが最大の目的だった。誰もができる「幅広いスポーツ」に関する都市対抗の競技大会も行われ、子供から高齢者まで11万人以上が参加したという。また、ロシア

の姉妹都市ウラジミールとの国際スポーツ週間も開催している。

その後、1994年には、「運動・健康・エアランゲン」というキャンペーンが展開され、88のイベントが行われ、市内外から5万人が訪れたという。このキャンペーンの一環として学校スポーツに関するシンポジウム、市内のプールでのライブ、「文化と運動」をテーマにした展覧会、初の自転車イベント「エアランガー・ラードリー」(4章参照)などが実施された。

こうした市の年間キャンペーンには二つの特徴が見出せる。一つは、様々なスポーツ関連の活動を一つのテーマに沿って「パッケージ化」することだ。もう一つは、「メッセ」のような形式である。1989年のキャンペーン「エアランゲンにおけるスポーツと文化」に顕著だが、市内のフェラインを一堂に集め、参加者が概観できるようにした。同様のメッセ形式のイベントはそれ以降「スポーツフェスト」としてたびたび開催されている。

スポーツフェストに掲げる都市のテーマ

1999年7月に2日間にわたり行われたスポーツフェスト「スポーツの祭典」は、市内中心部および付近の広大な芝生で行われた。60のスポーツクラブが仮設の舞台でデモンストレーションを行い、参加者は65のスポーツを試すことができた。クラブにとっては格好のプロモーションの機会であり、参加者はクラブの関係者と直接話をして、知りたい情報を得られる。クラブ側からは300名が参加し、2日間で2万人の参加者を集める盛大なイベントとなった。

さらに力が入っていたのが、2008年7月に3日間にわたり開催されたスポーツフェストだ。当時エアランゲン市は、ドイツ・オリンピック・スポーツ連盟とドイツ・コカ・コーラ社が共同で実施している「アクティブ・シティ」（7章参照）という都市コンペティションにエントリーしていた。本コンペでは、スポーツに関する取り組みをもとにドイツ国内の都市のランキングが発表さ

スポーツフェストはクラブの見本市であり、社交の機会でもある（2012年）

仮設舞台で行われたフェンシングのデモンストレーション（2012年）

れる。当時の新聞記事によると、市のスポーツ大臣を務めていたゲルト・ローヴァッサー氏は「あらゆるレベルのスポーツの力を結集する」と抱負を述べている。スポーツフェストはその一環だったわけだ。

3日間の開催期間、子供から高齢者まで参加できるプログラムが組まれた。例えば、若者のマラソン大会やフィットネス関係のイベントなども開催されたほか、1699のペアが市内の中心部で一斉にワルツを踊った。数年前から不定期で行われていた市内をインラインスケートで走る「スケート・ナイト」も、この期間に行われている。まさにエアランゲンの「スポーツ」をすべて組み込んだようなフェスティバルで、8万2000人が参加した。「アクティブ・シティ」のコンペ結果は惜しくも2位。余談だが、10年後の2018年にスポーツ部のウルリッヒ・クレメント部長の取材でその話を触れると、「1位がシュパイアー市だったんだよね」といったきり一瞬天を仰いだ。よほど悔しかったようだ。

その後、2012年7月に行われたスポーツフェストは、バイエルン・スポーツ連盟、エアランゲン・スポーツ連盟、地元銀行の共催で実施された。メイン会場は従来と同じ芝生広場で、新たにプールなども設らえられた。この年は「都市と郡がつながる」というテーマが掲げられた。

ここで、ドイツにおける自治体の構造について説明しておこう（図1）。州によってもやや違いはあるが、バイエルン州の場合、州の下に区、その下に郡、さらにその下に基礎自治体と4層構造で構成されている。その中に、「郡」と同等の「郡独立都市」という自治体がいくつか存在し、そ

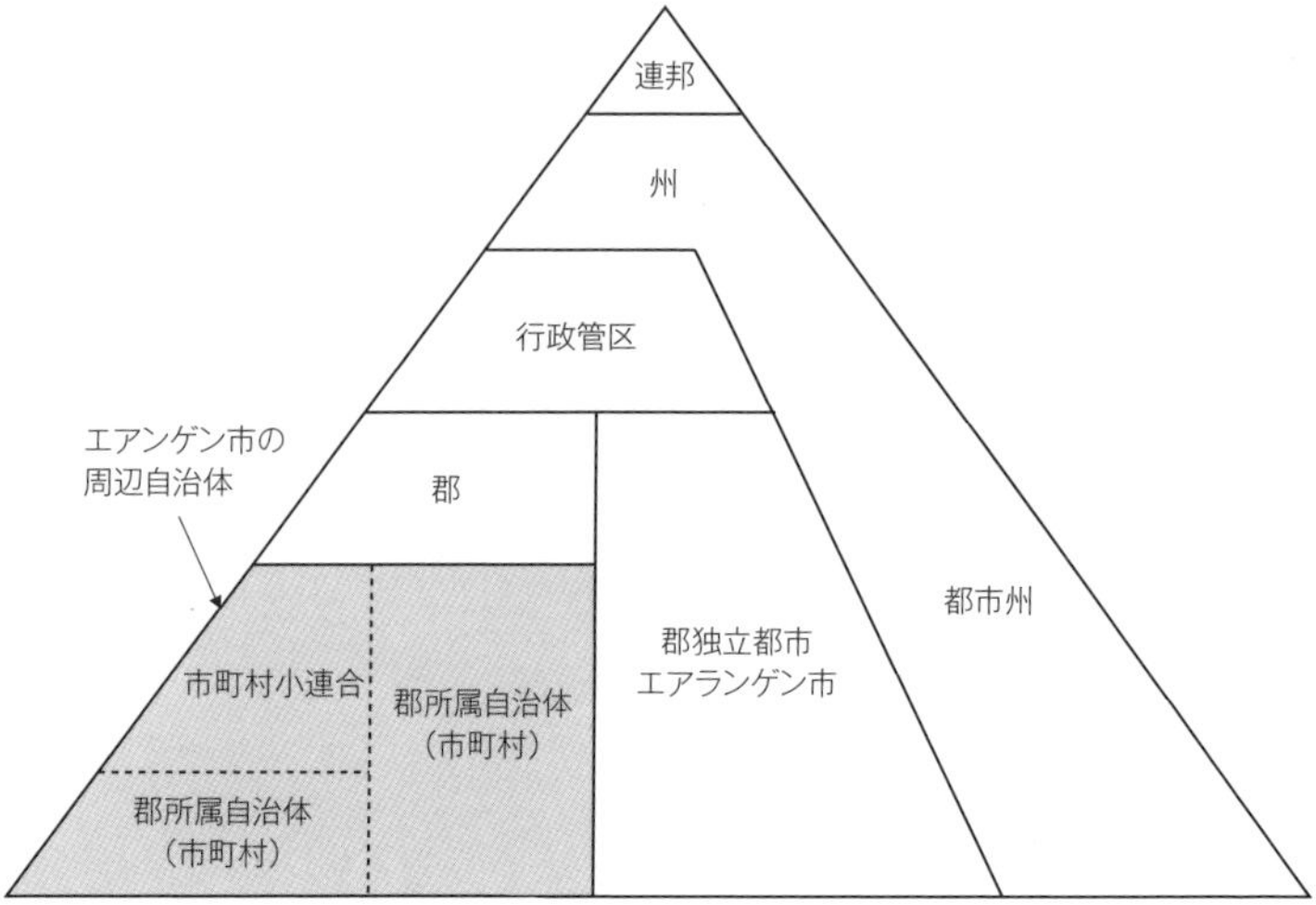

図１　ドイツにおける自治体の構造（出典：連邦経済協力開発省の資料をもとに作成）

の一つがエアランゲン市である。郡独立都市の周辺には、比較的小さな自治体が集まっており、様々な連携をとっている。近年では、交通政策、経済政策、健康政策など複数の分野で共同で取り組みを行うことが活発化している。2012年のスポーツフェストは、この郡独立都市の取り組みとして開催された。

続く2015年9月のスポーツフェストのテーマは「万人のためのスポーツ・インクルージョン体験」。インクルージョンは「誰も排除されない」という意味だが、副市長の一人でスポーツ大臣でもあったスザーネ・レンダ＝カッセンス氏は「スポーツは障害のあるなしにかかわらず、誰でも参加できる」と述べ、このフェストを主導した。

このフェスト開催の背景には、前年に行われた市長選挙の結果も影響したと思われる。こ

2012年開催のスポーツフェストでは地元政治家によるゲームも行われた（手前が現在のフロリアン・ヤニック市長、奥が当時のシーグフリード・バライス市長）

の選挙により、シーグフリード・バライス博士（CSU／キリスト教社会同盟）からフロリアン・ヤニック博士（SPD／ドイツ社会民主党）に市長が変わった。新市長は2人の副市長にFDP（自由民主党）と緑の党の政治家（レンダー＝カッセンス氏）を据えた。それにより、中道左派色が強くなった。もちろん、インクルージョンは重要な社会的課題であるが、こうした市の催しは、その時々の行政的課題、政治的事情に左右されることも少なくない。

未知のスポーツへの扉を開くスポーツクラブメッセ

スポーツフェストを一言でいい表すならば、広い芝生広場で行われる「スポーツクラブメッセ」だ。各クラブが設置したブース内では、参加者に競技の説明や体験などが行われる。パンフレットの類を配るだけの小さなブースから、かなり大掛かりな設備を設置するブースまで、多様なブースが並ぶ。

ドイツでは、様々な組織や企業で「オープンドア・イベント」が頻繁に開催される。普通は一般に開放されていない企業や施設の内部を誰でも見学できるイベントである。オープンドア・イベントではスタッフたちが趣向を凝らして活動内容などを紹介し、訪問者たちと対話を行う。企業や施設を知ってもらうことや、ワン・トゥ・ワンマーケティングといった狙いがある。

選挙運動も同様だ。中心市街地の広場に各政党がメッセ会場のようにブースを出し、道行く人と自由に対面で話をする場を設ける。拡声器で一方的に演説をする日本のスタイルとはかなり様子が異なっている。こういう対面式の広報・説明・対話というスタイルがスポーツ分野にも適用されているのがスポーツフェストである。訪問者にとっては、未知のスポーツを試したり、詳しく話を聞いたりできる機会になっているのだ。

例えば、2012年7月のスポーツフェストでは、サッカーやハンドボールをはじめとする球技類、スカイダイビング、グライダー、サマースキー、ロッククライミング、カヤック、柔道、合気道、空手、テコンドー、フェンシングといった70程度のブースが設置された。変わったところでは、野球クラブがバッティングセンターのような装置を設えたブースを出展していた。ちなみに、ドイツでは野球はほとんど見ることのない競技だ。

「インクルージョン」がテーマに掲げられた2015年のスポーツフェストでは、「万人のために(フォー・オール)」というスローガンに則ってハンディキャップを持った人や移民の人など多様な人々が参加できるよう工夫された。2012年よりもやや小ぶりで、出展数も24にとどまったが、

車椅子バスケットボールなど、様々な競技体験ができるのがスポーツフェストの魅力だ

2015年のスポーツフェストでパントマイマーを交えて挨拶をするスザーネ・レンダ=カッセンス副市長（右）

スポーツフェストでは車椅子体験もできる。車椅子に乗っているのはエリザベート・プロイス副市長

テニス、バレーボール、バスケットボールなどの一般的なスポーツに加え、フリスビーや一輪車、車椅子バスケットボールなどの体験ブースも設置されていた。

オープニングではレンダー＝カッセンス副市長が、移民の人たちにもわかるようなシンプルなドイツ語で祝辞を述べ、パントマイムアーティストとかけあいをする一幕もあった。言葉を使わず動きだけで表現するパントマイムは、なるほどインクルージョンというテーマにぴったりの演出だ。

車椅子を体験できるコーナーでは、もう一人の副市長エリザベート・プロイス氏が自ら車椅子を試乗するシーンも見られた。

2 スポーツクラブの広報戦略

ボランティアによるメディア運営

ウェブサイトは、情報を不特定多数に届けることができる最も効率的なメディアだ。ただ、サイトを開設しただけでは見にきてもらえない。多くの人に閲覧されるサイトに育てるには運営の工夫が必要だ。ドイツのスポーツクラブでもウェブサイトを開設しているが、総じて頻繁に更新されている。規模の大きなクラブであれば、クラブ全体のサイトのほかに各競技の専用サイトを開設しているところもある。

バイエルン柔道連盟のウェブサイト

各競技のサイトを見ると、試合の予定日などの基本的な情報のほかに、試合のレポートも2〜3日中にアップされている。加えて、クラブの催し、別のクラブとの合同練習、有志メンバーによる設備の整備の様子なども掲載されている。

ウェブサイト運営に積極的に取り組んでいるクラブには、デザインに長けている人やネット技術に精通する人、玄人はだしの写真を撮影できる人、ライティングを仕事にしている人も所属していたりする。このように、各メンバーが個人の得意な技術を持ち寄ってボランティアとして協力している。

一方、自治体や地区、州単位のクラブを統括する団体もウェブサイトを開設しており、その情報の更新もかなり頻繁に行われている。例えばバイエルン柔道連盟のウェブサイトでは、2千以上の記事がアップされており、メールによるニュースレターの会員は1万人以上を数える。記事の内容は、「州内での活動」「特別

「TV1848 エアランゲン」
の会員向け会報誌

トレーニングプログラム」「スポーツイベント」「予防プログラム」「パーソン」など12の分野に分けられている。試合結果や催しのレポートのほか、クラブや地区のニュースも掲載。競技ルールの変更などがあれば関連記事も掲載される。また、掲載記事の募集も受け付けており、誰でも投稿が可能だ。４人のスタッフと２人のＩＴ担当が、広報チームとしてボランティアで運営している。

　規模の大きなスポーツクラブでは、会報誌を発行しているところも多い。メンバー数約７０００人を数えるエアランゲン最大のスポーツクラブ「ＴＶ１８４８エアランゲン」では、会員向けの会報誌を年６回発行している。オールカラーでＡ４サイズ、約50頁のボリュームで、発行部数は４０００部。会報誌は会員宅へ郵送される。一方、メンバー数３２００人の「トゥルナー連盟１８８８エアランゲン」では、約40頁のボリュームの会報誌を２５００部発行している。

　「ＴＶ１８４８エアランゲン」の会報誌の誌面構成を見てみよう。代表のヨルク・ベルクナー氏によるクラブの状況やトピックの紹介、クラブ全体のニュースや試合結果、イベントレポートなどが写真入りで掲載されている。これらの記事や写真についても、大半が会員のボランティアの手によるものだ。

一般に組織が大きくなると、メンバー同士、顔も名前も知らない人が多い。会報誌は、クラブのメンバーのことを知ることができるメディアとして、メンバー間、メンバーとクラブの距離を縮める役割を果たしている。

スポーツマンのための舞踏会

エアランゲン市では、毎年1月に「スポーツマンのための舞踏会」が行われる。主催はエアランゲン・スポーツ連盟だ。

ドイツでは社交ダンスを楽しむ人が多く、競技としてのダンスもあるが、どちらかといえば教養の一つと考えられている。ダンススクールもあるし、社交ダンスを扱っているスポーツクラブもある。結婚式では新郎新婦がダンスを披露する習慣もあり、結婚前のカップルはダンススクールに足を運ぶ。子育てが一段落して、健康や趣味としてダンスを始める人も多い。社交の場として様々な舞踏会もあちこちで行われている。

「スポーツマンのための舞踏会」もその一つであり、舞踏会には、スポーツクラブの関係者はもちろん、市長以下、議員、市のスポーツ部部長、スポーツ関係のスポンサーになっている地元の企業・金融機関の担当者などが参加する。チケットを購入すれば誰でも参加できるオープンな会だ。

この舞踏会の目的は、大きく二つある。一つは、スポーツに関する公式の社交機会を提供すること。もう一つは、スポーツに関する表彰を行うことだ。受賞者は地元新聞「エアランガー・ナッハリヒテン」紙（後述）が選考する。

それから、スポーツクラブのボードメンバーには市議会議員を兼務している人物もいる。市議は

「スポーツマンのための舞踏会」でダンスを楽しむ参加者たち

舞踏会で毎年行われているスポーツ賞の表彰。右の2人が司会をする「エアランガー・ナッハリヒテン」のスポーツ担当記者。右から2人目がカタリーナ・トントッシュ氏

原則的に無報酬で、各々が本業を持っていて、そのうえでスポーツクラブのボードメンバーなどを兼任している。議員であることが「食い扶持」ではないので、お金に執着する必要がなく、癒着や贈賄といった事件はほとんど起こらない。そして、「公益のために無報酬で、自由意思に従って働く」という姿勢を貫きやすい。この舞踏会はスポーツという共通点がある様々な分野の人物たちが集まる機会になっている。そして、エアランゲンにおけるスポーツの存在感をアピールする最大のハイライトでもある。

オープンなクラブ運営を担保する広報

スポーツクラブは社会的組織である。それゆえ、メンバーという「内部」に対しても、市民・スポンサー・メディア・行政といった「外部」に対しても、運営の透明性を伝える必要がある。

「TV1848エアランゲン」の代表ヨルク・ベルクナー氏は「組織運営において透明性がとても重要だ」と述べる。同氏は会員からの付託で、フルタイムでクラブの運営に従事している。オフィスには書庫のような一室が設けられており、打ち合わせの内容に至るまですべての書類がきれいに整理されている。日本では政府が公文書を安易に廃棄したり、情報リテラシーの低さが露呈しているが、ドイツではそうした事態は起こりえない。

一方、ウェブサイトや会報誌では様々な情報が公開されるが、そのためには組織の運営そのものがオープンであることが求められる。

クラブのグラウンドの改修について専門家たちと打ち合わせをする「TV1848 エアランゲン」の代表ヨルク・ベルクナー氏（中央）

1970 年代からスポーツキャンペーンを継続的に行ってきたエアランゲン市は広報活動にも力を入れている。写真は 2013 年のキャンペーン「運動をするとよくなる」の記者会見ドイツ語では、広報のことを「Öffentlichkeitsarbeit（オッフェントリッヒカイツアルバイト）」と表記するが、この言葉は「公共性（Öffentlichkeit）」と「仕事（Arbeit）」という単語が一緒になっている。そして、公共性を表す「Öffentlichkeit」には英語の「オープン」に相当する意味が含まれている。したがって、広報とは「活動や立場、考えなどを公共に公開する仕事」といった意

味に捉えることができるだろう。

広報は大半のスポーツクラブで重視されており、専門の担当者を置いているところもある。この広報の感覚は行政も同様で、プレスリリースの作成や記者会見がよく行われる。このような広報を重視する姿勢が、ウェブサイトの更新や会報誌の発行につながっているのだろう。そして、積極的な広報活動によって組織の信頼性が高まり、行政やスポンサーとの関係をより強固にし、支援を集める上でも効果を発揮することになるのだ。

3 活発な地元のスポーツ・ジャーナリズム

地元密着のスポーツ情報が充実した地方紙

ドイツで新聞といえば、地方紙クラスの新聞が中心だ。全国紙もあるが、それらは主に「高級紙」と呼ばれている。

エアランゲン市では、「エアランガー・ナッハリヒテン」（以降、エアランゲン新聞）というまちの名前がついた新聞が発行されている。タブロイド版で、日曜を除く日刊紙である。およそ40頁前後のボリュームで、発行部数は約3万部。同紙には、スポーツ欄が二つある。一つは全国・広域のスポーツに関するページ、もう一つはエアランゲン市内のスポーツに関するページだ。

Seite 36 / HEN
SPORT
Dienstag, 12. September 2017
Bitterer geht's nicht
Die A-Jugend des HC Erlangen hat zum Auftakt der Bundesliga-Saison unglücklich mit 24:25 verloren. Aufgeben will aber niemand.
Drei Punkte fehlen zum großen Glück
Das Radteam Herrmann beendet die erste Bundesliga-Saison auf dem vierten Rang
Wieselflink zum Sieg
Jonas Link zeigte gegen Gummersbach seine Stärken
Sportmeldungen
Montag, 20. November 2017
SPORT
HEN / Seite 35
Kleine Kämpfer
Torschütze, Eigentor-Schütze und zweimal Rot im Derby
Der FSV Bruck und die SpVgg Jahn Forchheim trennen sich vor 350 Zuschauern im Duell der Bayernliga-Aufsteiger leistungsgerecht 2:2
„Wir dachten, gegen Böblingen holen wir auf jeden Fall drei Punkte“
In der 2. Regionalliga Südwest verlieren die Hockey-Herren des Turnerbund Erlangen beide Spiele zum Saisonauftakt und sind nun Tabellenletzter

エアランガー・ナッハリヒテン紙のスポーツ欄。地域の多彩なスポーツを取り扱う

エアランゲン市内のスポーツ欄は、通常1頁、多いときには2〜3頁割かれる。各種スポーツの試合開催予定リストをはじめとして、試合結果、注目の地元選手のインタビューやトレーナーの就任動向などが掲載される。エアランゲン市には柔道とハンドボールでブンデスリーガのチームがあり、特にハンドボールの記事は多い。さらに、スポーツクラブの経営や、後述するBIGプロジェクト（7章参照）、スポーツ舞踏会など試合や選手以外に注目した記事も多い。

エアランゲン新聞のような地域の「主流紙」以外にも、地域サッカーを専門にしたメディアもある。またローカルテレビ局も積極的に地域スポーツを取り上げている。

紙メディアのみならず、地方テレビ局も積極的に地元のスポーツを報道している

スポーツ専門の記者の活躍

これだけ緻密な報道をするには、専門の記者も必要になる。エアランゲン新聞では、数人の記者がスポーツを担当しているが、その一人、カタリーナ・トントッシュ氏の仕事を見てみよう。

同氏は2015年にエアランゲン新聞に入社し、ほどなくしてスポーツを担当することになった。子供の頃からスポーツ分野の記者を目指していたという。かつてはサッカー専門誌の出版社で働いていた経験も持つ。

取材現場では、スマートフォンの動画機能を使って中継も行う。なかでも、地元ハンドボールチーム「HCエアランゲン」の試合と、トライアスロンなどの主要イベントでのライブ中継は好評だそうだ。ちなみに、前述した「スポーツマンのための舞踏会」の表彰式では、トントッシュ氏が同僚のクリストフ・ベネッシュ氏と一緒に司会進行を務める。ここでは自撮り棒にスマートフォンをとりつけて、司会進行をしながら中継も行う離れ業を披露している。

スポーツクラブの取材に関しては、「私たちからクラブへ取材を申し込むこともあるが、多くのクラブが定期的にニュースを送ってくれる」と語るトントッシュ氏。新聞社の発信もさることながら、クラブの広報活動が盛んな様子がうかがえる。

7章

スポーツで都市の質を高める

1　自治体のスポーツ戦略

専門性の高い行政職員の活躍

ドイツは教育と職業が密接だ。企業で働くサラリーマンも専門の「職業」が前面に出る。「オフィスマネジメント」「秘書」「商人」など様々な職業資格があり、求人に際しても必要な職業資格がなければ書類審査でまずはねられる。このシステムは行政においても同様で、専門の教育を受けた人が専門の業務に従事している。また、日本のように2〜3年で職員が別部署に異動するようなことはない。加えて、行政職員に博士号や修士号といった学位を持つ人もおり、学術的な広い視野と専門性を備えた人材が活躍している。

エアランゲン市では、各部署のトップに「担当官」が設置されている。この担当官は、毎日役所に勤務する職業政治家である。感覚的には「大臣」ぐらいのポジションだ。エアランゲン市では、副市長のスザーネ・レンダ＝カッセンス氏が環境、エネルギー、健康、社会文化、そしてスポーツの「大臣」を兼任している。

また、各分野の担当官の下に、実際の業務を行うディレクターやマネージャーに相当するポストがある。ここでは「部長」と訳しておくが、エアランゲン市のスポーツ部の場合にはウルリッヒ・クレメント氏が部長を務めている。クレメント部長も大学でスポーツ経済を専攻しており、２００６

大学でスポーツ経済を専攻し、2006年からエアランゲン市のスポーツ部部長を務めるウルリッヒ・クレメント氏

年に前任者が退職した際に副部長から部長に昇格した。

同氏は、スポーツ部の責任者として全体のマネジメントを行っている。さらには、スポーツ大臣や各諮問委員会、市議会議員、市長らの連絡窓口の役割を果たし、計画から実施までに必要な要件、申請や決定のすべてに関わる。加えて、バイエルン・スポーツ連盟、エアランゲン・スポーツ連盟、エアランゲン大学スポーツ科学研究所、バイエルン州スポーツ部、エアランゲン周辺の広域地域のスポーツ関係者たちとも連携して業務を行う。また、各スポーツクラブの関係者とも日常的に連絡をとりあっている。例えば、6章で紹介した「TV1848エアランゲン」の代表ヨルク・ベルクナー氏もクレメント部長と日々連携しているが、彼も大学でスポーツ経済を専攻した専門家である。すべてのスポーツクラブの代表がベルクナー氏のように専門の教育を受けているわけではないが、二人の所属組織は行政とフェラインと異なるものの、専門家同士が協力しあってスポーツ施策に取り組んでいる。

また、行政の予算案の策定や都市計画の策定においてフェラインが関与することもめずらしくない。筆者は市内のある地域の都市計画を検討する非公開会議にオブザーバーとして参加したことがあるが、スポーツ部のクレメント部長以下、担当職員、都市計画局の職員、そしてスポーツクラブやエアランゲン・スポーツ連盟らの代表者が出席していた。この会議では、同地域を拠点にするフェラインとのラウンドテーブルを設定することが提案された。このように行政は、所属に関係なく、そのタスクに必要な人材を集めて取り組みを進めている。

スポーツ部と他部署・組織との連携

エアランゲン市のスポーツ部は1972年に設立された。設立当時、スポーツクラブの数は50しかなかったが、2012年には102まで増加、メンバーの数も設立当時の2万人弱（うち子供・青少年は約5000人）から約3万9000人（同約1万人）にまで増えている（1章参照）。ライセンスを持つトレーナーの数も85人から約770人まで増えている。こうしたクラブやメンバーの増加の要因として、スポーツ部の取り組みを挙げることができる。ここで、エアランゲン市のスポーツ部の組織構成と業務について整理しておこう。

2018年現在の組織図によると、スポーツ部には「プログラム」「イベント」「スポーツ振興」「学校スポーツ」「スポーツ開発」「（保養地の）デクセンドルファーヴァイアー湖」の六つの課が設置されている（図1）。この中にあるデクセンドルファーヴァイアー湖は市内北西部にある38ヘクタールの湖である。湖周辺には広大な芝生が広がり、湖のまわりを散歩やジョギングができる

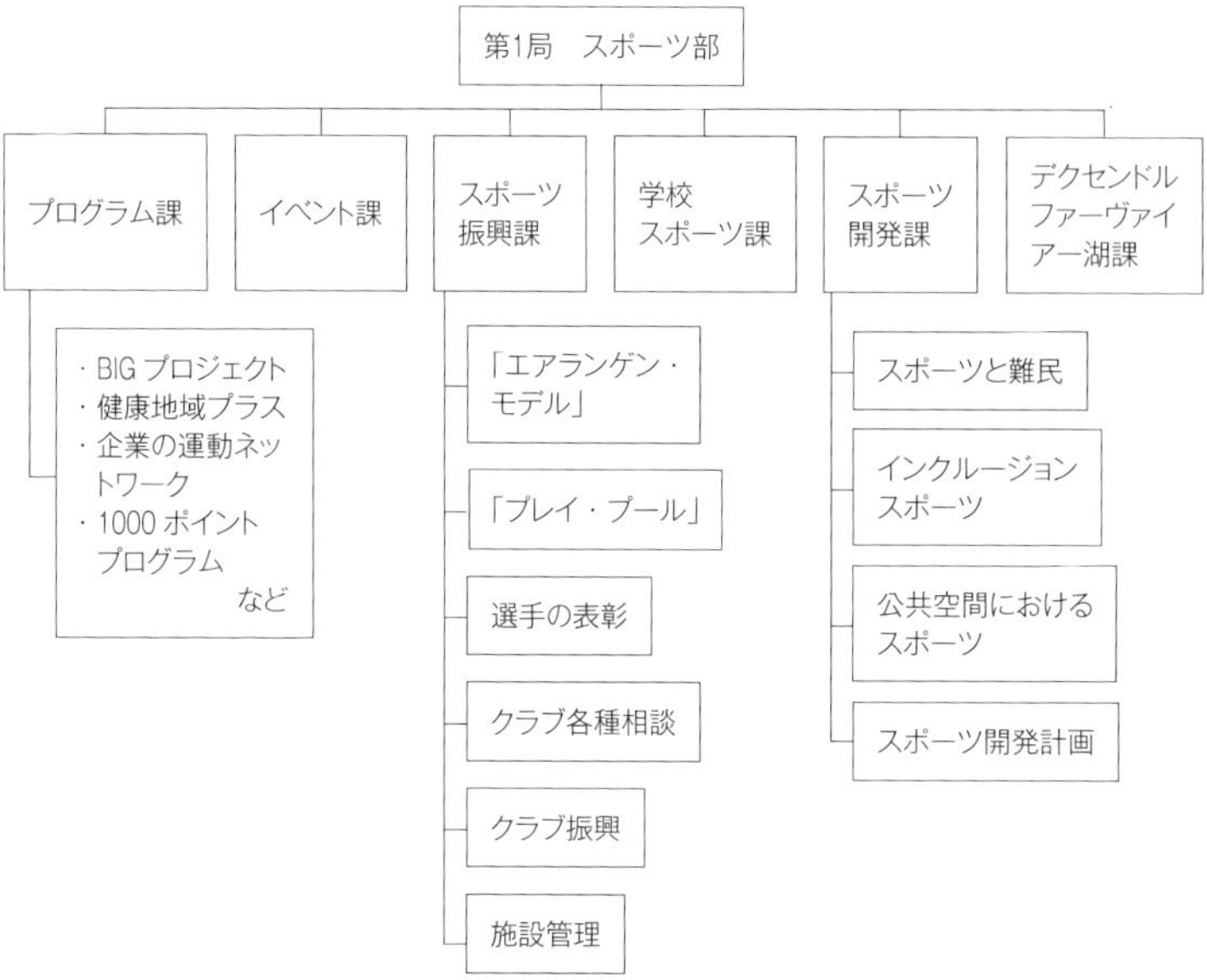

図１　エアランゲン市第１局スポーツ部の組織図（出典：スポーツ部の 2018 年の資料をもとに作成）

約3・8キロのルートが整備されているほか、更衣室やシャワーの設備や、バーベキューのための場所も設けられている。夏場にはクラシックやジャズの野外コンサート、ヨットの競技会も行われ、保養地としても知られている。

「スポーツ振興課」では、スポーツ施設の管理、学校とスポーツクラブの施設の相互使用、クラブに対する助言・振興などを行っている。

また、スポーツ環境の整備に関する事業を行っているのが「スポーツ開発課」である。開発課ではハンディキャップを持つ人や移民・難民に向けた取り組みも実施している。2015年以降アフリカや中東から数多くの難民がドイツに流入してきたが、エアランゲン市でも2016年6月の段階でその数は1300人にのぼっており、こうした人々がドイツ社会に適応できるようにする施策を各自治体が担っている。

こういった取り組みを具体的なプログラムとして実現させているのが、「プログラム課」である。運動のハードルを低くする「1000ポイントプログラム」(4章参照)や、イスラム系女性を対象したスポーツ振興プログラム「BIGプロジェクト」(詳細は後述)、エアランゲン市および周辺地域が協力して健康増進を推進しているプロジェクト「健康地域プラス」(4章参照)、主に中小企業に対して健康増進に関する支援・助言を行っている「企業の運動ネットワーク」などのプログラムが実施されている。

なお、取り組みによっては他部署や他組織の活動分野と重なることがある。そのため、先述のように、スポーツ部の予算策定の会議には都市計画の部署やスポーツクラブのメンバーも参加し、議論が行われる。クレメント部長の協力のもと、スポーツ部の事業がどの部局や組織と協力しているかをマトリクスとしてまとめたものが表1である。

エアランゲンの行政組織は、「市長室」のほかに第1〜6局に分れている。スポーツ部は第1局に属しているが、ここにはほかに「環境部」「エネルギー部」「健康部」「社会文化部」が所属している。なかでも、スポーツ部は健康部との協力事業が多い。

毎年クリスマスシーズンに市街地で開かれる「クリスマスマーケット」は、第2局の経済部の管轄である。会場内でスケートリンクが設置されるため、スポーツ部とも協力関係がある。

局	部	スポーツ部と連携する取り組み
市長室		
第1局	環境	デクセンドルファーヴァイアー湖の保全
	エネルギー	
	健康	高齢者の運動 デクセンドルファーヴァイアー湖の活用 健康地域プラス、1000ポイントプログラム BIGプロジェクト、認知予防プログラム 企業の運動ネットワーク
	社会文化	公共空間におけるスポーツ促進
第2局	経済	クリスマスマーケットの開催 企業の運動ネットワーク
	財務	
第3局	法律	
	セキュリティ	
	人事	職場の健康増進
第4局	教育	オリンピックのためのユーストレーニング
	文化	
	青少年	
第5局	社会	BIGプロジェクト
	インテグレーション	BIGプロジェクト、誰でもできる運動の推進
	インクルージョン	BIGプロジェクト 各種スポーツイベントの開催
	人口動態	
第6局	都市計画	公共空間におけるスポーツ促進 デクセンドルファーヴァイアー湖の開発・保全 市民・交流・健康センターの整備 スポーツ開発計画
	建築	公共空間におけるスポーツ促進

スポーツクラブ	スポーツ振興、BIGプロジェクト
警察	企業の運動ネットワーク
大学	BIGプロジェクト
シュタットベルケ（インフラ供給会社）	プールの管理運営
VHS（成人教育機関）	BIGプロジェクト
地区のコミュニティセンター	BIGプロジェクト

表1　エアランゲン市のスポーツ部と他部署・他組織との事業マトリックス

第6局には都市計画部が所属しているが、市内の土地利用や都市計画に関してスポーツ部と協力すべき取り組みが多い。「市民・交流・健康センター」は複合型のスポーツ施設で、市内南東部の区域でのスポーツエリアの拡大を目的として2015年の市議会でアイデアが出された。このように市議会で提案されたアイデアは、行政の担当部で調整された上で、市議会で最終決定が下され、担当部が実施していくという流れが一般的だ。

一方、市内には二つのプールがあり、市が100％出資するインフラ供給会社シュタットベルケ（5章参照）が運営を担っているが、スポーツ部とも連携している。

さらに、3章で紹介した「VHS（成人教育機関）」とはイスラム系女性に向けたスポーツ振興プログラム「BIGプロジェクト」（詳細は後述）で協力しあっている。

スポーツの価値の変遷

ここでは、エアランゲン市のスポーツ・健康に関する取り組みが、時代とともにどのように変化してきたかを概観しよう。クレメント部長によると、戦後のエアランゲン市における「スポーツの価値」は次の三つの段階に分けられるという。

最初の段階は「競技志向」である。万人ができる「幅広いスポーツ」という考え方がベースにあるものの、競技志向が強く、なかでも水泳、柔道、トライアスロン、ハンドボールなどにその傾向が強く見られた。加えて、同市では、ホッケー、サッカー、ボーリング、ビリヤードなどでも競技志向が強かったようだ。

次の段階では、「健康」「余暇」「教育」に価値が移ってゆく。エアランゲン市は100を超えるスポーツクラブを有し、万人がスポーツにアクセスしやすいまちだ。さらに、スポーツ環境の整備も積極的に進められている。特に最近の市民の傾向としては、レクリエーション施設や自然の中で個人でジョギングをするなど、クラブなどに所属しない人が増えている。一方で、ハイキングや水泳なども人気が高まっている。

3番目の段階は、「立地要因」「消費型市民」「社会」という側面での価値がクローズアップされる。立地要因とは、「ハード要因（インフラ、エネルギー、交通など）」「ソフト要因（文化、都市のイメージ、教育など）」がどの程度、どのように整えられているかを示す概念で、「企業にとってどういう要素が揃った都市が事業拠点として魅力があるか」といった都市の経済評価の指標の一つとして取り上げられる。残る「消費型市民」「社会」については、次項以降で解説しよう。

「消費型市民」の増加

ここでは、スポーツの価値の3番目の変化の一つである「消費型市民」について見ていきたい。

グローバル化が進み、経済構造も変化していくなか、仕事と個人的な楽しみに時間を割く人々は増え、地域社会に関わることが減ってきている。市の都市計画大臣を務めるヨセフ・ヴェーバー氏は、「今の世代で生まれてから死ぬまでエアランゲン市に住むのは約3割。お客さん感覚の『ホ

住民の地元への愛着が薄れてきたことを嘆く、エアランゲン市の都市計画大臣ヨセフ・ヴェーバー氏

テル市民』が増えている」と指摘し、かつてあった地域への愛着が希薄になりつつあることを懸念している。こういう市民の増加は、ジャーナリストのフロリアン・イリーエスが指摘した消費志向の強い「ゴルフ世代」（1章参照）の出現とも重なる。

スポーツ部では、こうした市民の志向の変化を受けて、スポーツクラブのメンバー以外でも利用できる施設や参加できるプログラムの整備にも力を入れている。

ソーシャル・インクルージョンとしてのスポーツ

次に、スポーツの価値の3番目の変化のもう一つ、「社会」について見ていこう。

ドイツでは様々な場面で「社会（的）」という言葉が使われる。戦後のドイツでは「社会的市場経済」という体制が敷かれているが、これは社会が経済システムをコントロールし、富の再分配と社会的公正を実現しようするものだ。

また、「社会文化」という概念もある。ドイツでは1970年代に学生運動が起こり、当時の学生は「68世代」と呼ばれた。「社会文化」という概念はこの頃生まれたもので、既存のハイカルチャーへの対抗、文化の民主化という考え方がベースにある。当時は、古い工場跡地などを不法占拠して文化発信の場として使うムーブメントも起こった。こうした時代の思想が、その後の市民の自主活動、草の根型デモクラシー等につながった。２０００年代初頭までは、行政職員にも当時の学生運動の雰囲気を残した人が多かったし、この「68世代」の社会的影響は色濃く残っている。

さらに、「社会都市」という連邦・州による自治体支援プログラムもある。１９９０年代後半から展開されているプログラムで、簡単にいえば、建物などの「ハード面」の取り組みと、市民参加などの「ソフト面」の取り組みを総合的に支援するプログラムである。エアランゲン市においても複数の地区でこのプログラムが適用され、市民参加、異世代の交流、外国系市民たちとの統合などの取り組みが行われている。

さて、そこでスポーツが持つ「社会的価値」について考察してみよう。スポーツは他者への敬意を払いながら、ルールに沿ってフェアに競争を行うため、人権や公平性といった「社会の公正」が自然と身につけられる。さらに、障害のある人や移民が排除されない社会をいかに形成するかという課題においても、老若男女が参加できるスポーツが果たす役割は大きい。スポーツは今後、「ソーシャル・インクルージョン（社会的包摂）」としての役割がますます期待されることになるだろう。

ヨハネス・ラウ元大統領（任期：１９９９〜２００４年）は、「私たちがもし、音楽・スポーツ・芸術を、ケーキの生地を膨らませる酵母ではなく、ケーキの上を飾る生クリームと考えるならば、社会とは何かということについて誤った理解をしていることになる」という言葉を残している。

近隣自治体と連携して350万人の大都市圏を形成

20世紀の終盤から増えてきた流れが、近隣の自治体との連携だ。エアランゲン市を含む、バイエルン州北部の23の郡と11の都市が進める連携政策「欧州メトロポリタン大都市圏ニュルンベルク」もその一つである（図2）。2005年に開始された取り組みで、その都市圏の規模は350万人。ドイツの各自治体の規模は相対的に小さく、かつ自律性が高いが、周辺地域で連携するという考え方はEU（欧州連合）の発想と重なるところがある。

同大都市圏では、毎年7月に「サイエンス会議」を開催している。2018年はフュルト市（人口11万人）で開催された。会場はブンデスリーガ2部の「グロイター・フュルト」のホームスタジアムだった。

会議には、同大都市圏の経済・政治・学術・教育・メディアといった各分野から約900人が参加。シンポジウムや講演のほか、交流会では活発に意見交換が行われた。また会場のスタジアム内には情報スタンドが設えられ、大都市圏の様々な科学関係の機関・組織が情報提供やパネル展示を行った。

2018年のテーマは、サッカー会場にちなんで「ダブルパスの科学」と銘打たれ、四つの分科会が設けられた。

分科会「健康を形成する—現代社会への鍵」では、現代社会の健康のあり方、ロボットによる介護支援などがテーマとして扱われた。ドイツらしさが反映されていた分科会が「グローバル化の世

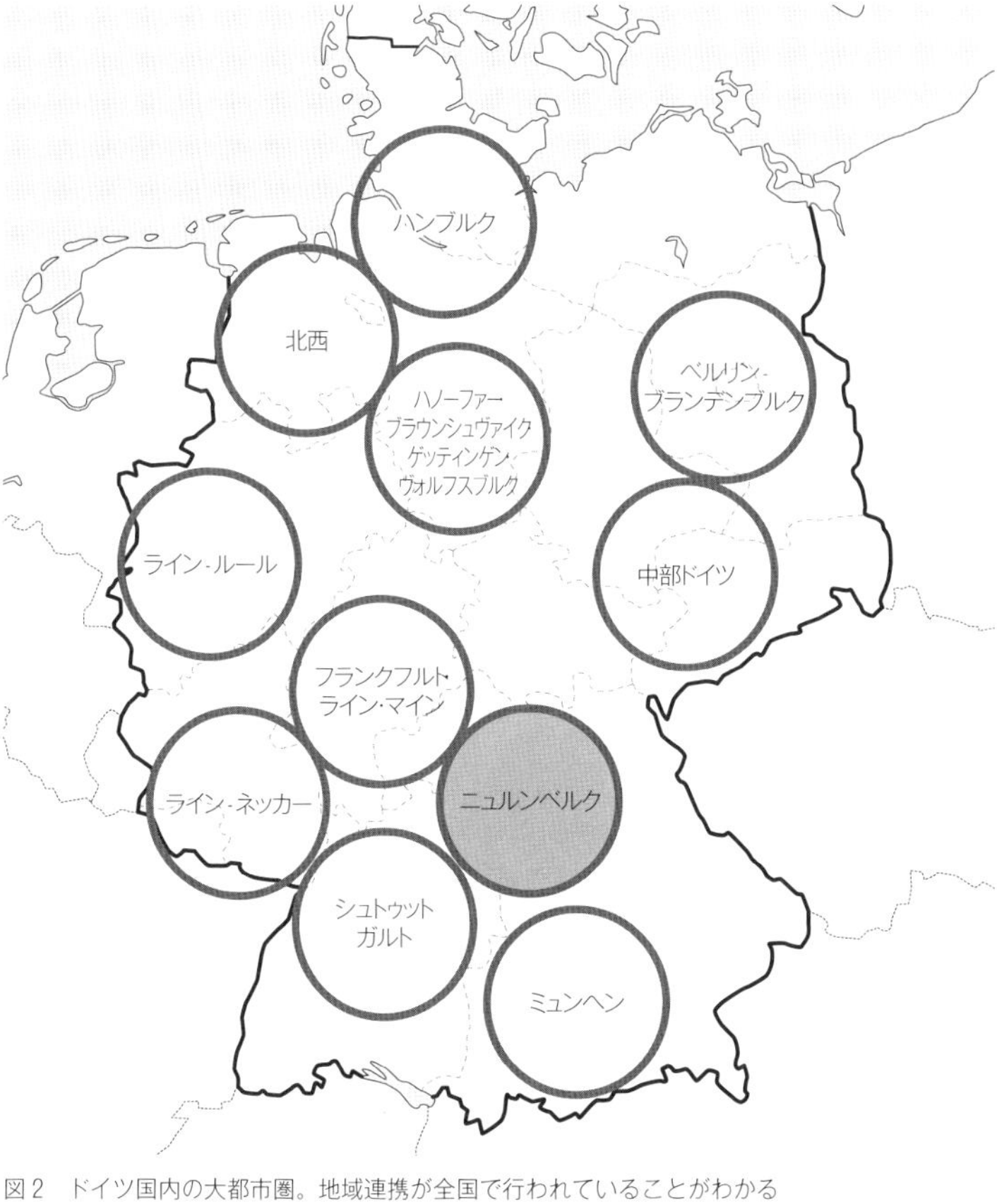

図２　ドイツ国内の大都市圏。地域連携が全国で行われていることがわかる
（出典：ドイツ・欧州都市圏イニシアティブのウェブサイトをもとに作成）

界におけるフェアプレー」。先にも述べたように、ドイツでは市場原理に任せきりにせず、社会が市場をある程度コントロールする「社会的市場経済」を原則としている。グローバル化が急速に進む市場での公正な競争や人権の尊重といったことが議論された。

さらに、「運動のマネジメント」の分科会では、スポーツと経済との関わりについて消費者行動

2018年にフュルト市を代表するサッカースタジアムで開催された「サイエンス会議」

「サイエンス会議」の開催前に行われた記者会見。「創造性のための故郷」といったモットーが背後にあしらわれている

の変化などの面から意見が交わされた。最後に「人―素材―スポーツ」の分科会では、3D印刷技術などをはじめとして、材料の研究開発や製品のライフサイクルについて討論された。この地域には、バイエルン州内でも有数のプラスチック関連の研究を行っている大学や研究所も集中している。また、アディダスやプーマといったメーカーも本社を構えており、3D印刷はオーダーメイド型の製品を生産する上で注目の最新技術である。

こうした催しは、一つのテーマで大都市圏内の様々な分野のプレーヤーが一堂に会するよい機会を提供し、参加者同士の交流を図れると同時に、大都市圏全体の存在感を高める効果もある。

2 スポーツで社会的問題を解決する

外国人を迎え入れやすいスポーツ文化

これまでたびたび触れてきたが、移民や難民の流入が増加傾向にあるドイツでは、「社会的統合」政策が進められている。スポーツはそれを促進するものとして期待されている。

社会的統合とは、社会秩序の再構成といえるが、そこで軸になっている普遍的な価値が「人間の尊厳」だ。これは「相互敬意」が前提になったスポーツと相性がよい。そして一般に身体を使った共同作業は、人同士の距離を理屈抜きで縮める。スポーツは、言語や人種、性別などの垣根を超えて、楽しみながら互いの精神的距離を近づける絶好の行為だといえる。例えば、クリケットはイランやパキスタンでも行われているスポーツで、そうした国から来た移民でも簡単にプレーすることができ、クリケットのクラブでは移民の参加率が高い。

社会的統合の取り組みにも力を入れている「ATSV エアランゲン 1898」の代表ヴォルフガング・ペーター氏

エアランゲン・スポーツ連盟で青少年スポーツ関係を担当しているウドハイ・クマー氏によると、エアランゲン市全体としては社会的統合は比較的うまくいっているという。小規模なクラブではボランティア不足などの問題があるが、例えば、メンバー1500人を数える「ATSVエアランゲン1898」では、代表ヴォルフガング・ペーター氏のリーダーシップのもと、その活動に積極的に取り組んでいる。同クラブには、「社会的統合」を踏まえたプログラムづくりなどを行う担当者がいるほか、移民の若者などをサッカーチームに迎え入れている。また、語学の素養や文化的な知識を備えたトレーナーが、移民のためにスポーツクラブで活動するケースもある。

運動は、気晴らしやストレスを取り除くことにも効果的だ。また、クラブやスポーツへの参加を通して、新たな知り合いもできる。さらには、クラブで通訳などのボランティアするなど、もっと活動にコミットしたいと思う人が出てくることにもつながる。

先にも述べたが、ドイツのスポーツクラブは伝統的に「年齢や職業に関係なく平等な関係の仲間意識」を育成しながら運営されてきた。その点で、移民・難民といった外国人さえもスポーツをする仲間として迎え入れる土壌は十分に形成されている。

社会的弱者の女性に運動の機会を提供する「ＢＩＧプロジェクト」

エアランゲン市では、社会的統合政策の一環として、「ＢＩＧプロジェクト」という取り組みを実施している。ＢＩＧとは、「Bewegung als Investition in Gesundheit（健康の投資としての運動）」を省略したものだ。社会的弱者の女性が対象で、水泳、自転車、ヨガ、ダンス、フィットネス・ダンスの「ズンバ」などのコースが用意されている。プログラムは半年単位で組まれている。

BIGプロジェクトを運営しているエアランゲン市スポーツ部のツザーナ・マイチック氏

本プロジェクトは２０１５年に10周年を迎え、その記念式典でエアランゲン市スポーツ部部長のクレメント氏は次のように述べている。「小さな取り組みから始まったが、現在ではドイツ全国に広がり、約２千人の女性が健康を維持し、運動を促進することにつながっている。エアランゲン市では毎シーズン３５０人以上の女性が参加しており、そのうち85～90％は様々な困難な状況にある女性だ」。そのような女性の多くが外国系の市民であ

2015年に開かれたBIGプロジェクト10周年の記念式典

り、イスラム教の女性も数多い。ちなみにエアランゲン市には約4千人のイスラム教徒が暮らしており、イスラム教徒のフェラインもある。

ＢＩＧプロジェクトは託児所が完備された場所で行われ、トレーナーは女性だ。イスラム系の女性でも精神的に負担を感じることなくスポーツができるというわけだ。

プログラムの運営を担当しているのが、エアランゲン市スポーツ部のツザーナ・マイチック氏。参加者は15歳から70代までと幅広く、25～55歳の年齢層が中心だ。参加者は参加費を負担しているが、1時間当たり1～3ユーロ（１００～３００円）に抑えられており、経済的に困窮している人は無料で参加することもできる。また、市内のアクセスのよい場所で行われているので、気軽に足が向きやすい。運営担当のマイチック氏は、「地元紙に広告を載せるなどの大々的な募集はしていません。宗教施設や女性グループ、社会福祉関係の施設などを地道にまわってプログラムの紹介をしています。あとは口コミで広がりました」と語る。

このプログラムには、市内のスポーツクラブ「TV1848エアランゲン」「ATSVエアランゲン1898」「トゥルナー連盟」などに加え、人権関係の事務所、入国管理局、同市の外国人統合諮問委員会、小学校、幼稚園、家族向け教育機関なども協力している。さらに、2010年以降はバイエルン州や同地域のスポーツ関連団体なども支援している。また、BIGプロジェクトの参加者自身がトレーナーになるための訓練も実施されている。

大学と行政が連携して開発・実施されたプログラム

このBIGプロジェクトがスタートしたのは2005年。きっかけはエアランゲン大学のスポーツ・サイエンスの研究だった。社会的弱者の女性に運動の機会が不足しているという報告を受けて、パイロットプロジェクトとして開始。2008年からエアランゲン市スポーツ部のマイチック氏が運営に携わっている。その後、2012年には「ATSVエアランゲン1898」の社会的統合の担当者でもあるメリエム・カラベル氏がプロジェクト・アシスタントに加わり、この二人がプロジェクトを牽引している。

カラベル氏自身、2歳のときにトルコから両親とともにドイツにやってきた移民である。2010年に「異文化間スポーツアシスタント」としての訓練を受け、ノルディックウォーキングのトレーナー資格を取得。筆者がカラベル氏に初めて会ったときに印象的だったのが、頭にまとったスカーフ。イスラム系の女性の信仰の象徴だ。2001年のアメリカ同時多発テロ事件、い

右：BIGプロジェクトのプロジェクト・アシスタントを務めるメリエム・カラベル氏
左：BIGプロジェクトを開発したエアランゲン大学スポーツ科学研究所のアルフレート・リュッテン教授

わゆる9・11以降、イスラム系の人々に対するマイナスイメージが強まった。そんな状況の中、カラベル氏のスカーフ姿は、イスラム系の女性たちにとって親しみやすく、参加の敷居を下げることにもつながっているようだ。

BIGプロジェクトについて、クレメント部長は「大学でアイデアが生まれ、行政が形にした、一つの理想的なプログラムだ」と語る。なお、このプログラムは、開発と実施にあたり連邦教育研究省からも資金提供を受けている。また、「エアランゲン健康と医学協会」の医学賞（2009年）、中央フランケン地方の「統合賞」の3位（2012年）をはじめとして、様々な賞も受賞している。加えて、連邦政府のグッドプラクティスのモデルに認定されたり、WHO（世界保健機関）などでもケーススタディとして取り上げられている。「本プログラムは、地域の健康増進のインフラとして有用。エアランゲンという地域だけに限定されるものではない」と、エアランゲン大学スポーツ科学研究所のアルフレート・

リュッテン教授は述べている。

健康増進だけでなく社会参加も促進する

ＢＩＧプロジェクトでの定期的な運動により血圧の数値が下がるなど、参加者の健康状態は大きく改善されているという。

しかし、このプログラムは単なる健康増進プログラムではない。各コースには40〜50人の参加者がいるが、最初に参加者全員でコースをどのように進めていくかを話し合いで決める。イスラム系の女性たちは、社会参加の機会が少ない。文化や風習の違いが影響していると考えられるが、デモクラシー社会のドイツでは好ましい状況とはいえない。そこで、ＢＩＧプロジェクトでコースの進め方を皆で話し合って決めるという行為を通して当事者意識を持つことにもつながる。こうした経験を積み重ねることで社会的スキルが身につき、加えて身体を動かすことで積極的な気持ちも醸成される。このように、ＢＩＧプロジェクトは、デモクラシーを基礎とした集団に参画していく機会としても機能している。

スポーツイベントの開催や地元チームの活躍は、都市の存在感を「外部」にアピールすることになる一方で、スポーツは、生活の質の向上、健康増進、社会関係資本の整備など、都市の「内部」を充実したものにしてくれる。ＢＩＧプロジェクトは、社会的弱者が社会に積極的に参観する機会を提供しており、その点で都市の「内部」を成熟させる取り組みの一つといえるだろう。

3 都市の質を高めるエンジン

都市の質は「持続可能性」に宿る

ドイツでは「都市ランキング」の類をよく目にする。「環境にやさしい都市」「自転車都市」など、特定のテーマで選考されたランキングだ。その中の一つに、スポーツに関する都市をランク付けしている「アクティブ・シティ」がある（6章参照）。2008年に初めて発表されたランキングでは、シュパイアー市がトップで、エアランゲン市は惜しくも2位だった。

一方、経済専門紙「ハンデルスブラット」とシンクタンク「プログノス」が毎年行っている「未来へのチャンス」という都市ランキングもある。400余りの市・郡が対象で、調査指標は「人口統計」「労働市場」「競争とイノベーション」「経済的豊かさと社会福祉の状況」など。ちなみに、エアランゲン市はこの「未来へのチャンス」で毎回上位にランキングされている（表2）。

このランキングのみならず、「経済」と「社会」の両方がバランスよく充実している状態を良しとする考え方は様々な指標で散見できる。さらに近年では、「環境」という要素を加え、これら3点がバランスよく組み合わされてこそ都市の持続可能性につながると考えられており、エアランゲン市ではこれら3点による持続可能性を都市戦略の目標として設定している（図3）。

「経済」に関しては、雇用は十分にあるか、キャリアアップのための継続的な教育機会があるか、輸出経済を担う事業者がどれくらいいるか、あるいは拠点の信頼性を高める「気の長い投資」（5章参照）が行われているかといったことが鍵になる。

「社会」については、公平性の確保、富の最適な再分配、福祉や文化、教育の充実、生活の質の向上といったような取り組みが挙げられる。スポーツもここに含まれるだろう。

「環境」については、自然保護、二酸化炭素排出の低減、持続可能なエネルギーの普及などの取り組みが挙げられる。

1	ミュンヘン市
2	ミュンヘン地区
3	インゴルシュタット市
4	ダルムシュタット市
5	シュトゥットガルト市
6	エアランゲン市
7	ベーブリンゲン地区
8	シュタルンベルク地区
9	ヴォルフスブルク市
10	フランクフルト・アム・マイン市

表2 「未来へのチャンス」のランキング（2019年）
（出典：プログノスの資料をもとに作成）

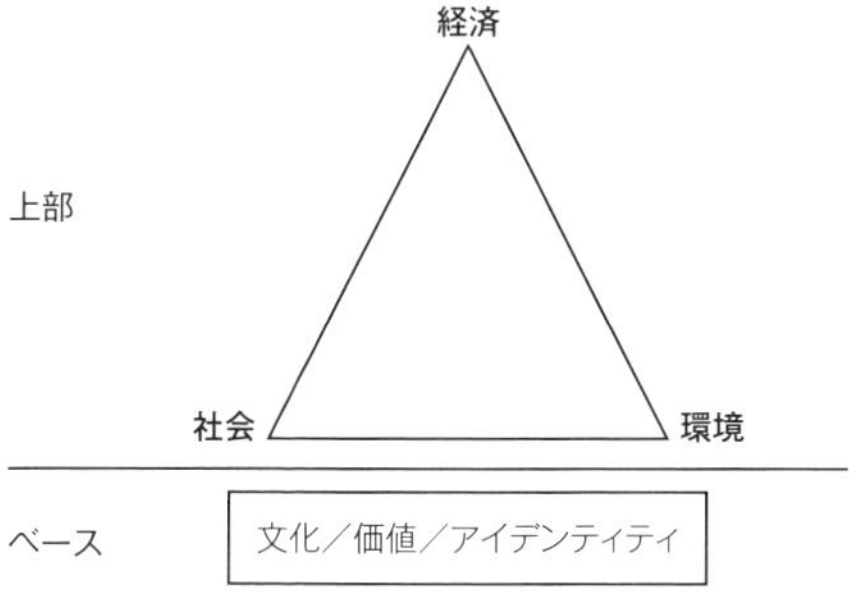

図3 エアランゲン市の都市戦略。経済・社会・環境の三つがバランスよく充実していることが都市の持続可能性を高める

例えば、経済力を伸ばそうとするあまり社会から公平性が失われたり、長時間労働が生活の質の低下を招くような事態になると、都市の質は落ちる。一方、ある程度の経済力がなければ、インフラの機能不全、失業などが生じて社会が不安定になり、やはり都市の質は低下してしまう。したがって、「経済」「社会」「環境」の要素がバランスよく整い、「持続可能性」を備えた都市こそが「質の高い都市」といえるだろう。

都市の質を高める「クオリティ・ループ」

前著『ドイツの地方都市はなぜクリエイティブなのか』では、こうした都市の質がどのように形成されるかというメカニズムを「クオリティ・ループ」という表現で提示した。

こういう循環系が上手く機能している都市に住む市民は、総じて教育・文化レベルが高い。職住近接を志向するドイツでは、企業は「優れた人材」が住む都市に拠点を置く傾向にある。こうした人材は健康に関心が高いため、スポーツにも親しむ人も多い。行政も余暇を快適に過ごせる公共空間の整備に力を入れ、多様なスポーツができる組織や施設が増える。こうした生活の質を支えるインフラが揃うと、行政は企業誘致がしやすくなる。また、地元企業が地域外から外貨を稼ぐ「輸出経済」が伸びると、小売店や飲食店などの「内需経済」も活発化する。こうした状況が継続することで、税収は増加し、企業や金融機関もさらに「気の長い投資（コミュニティ経済）」を行うことになるため、生活の質を支える文化やスポーツがさらに充実するという好循環が生まれる（図4）。

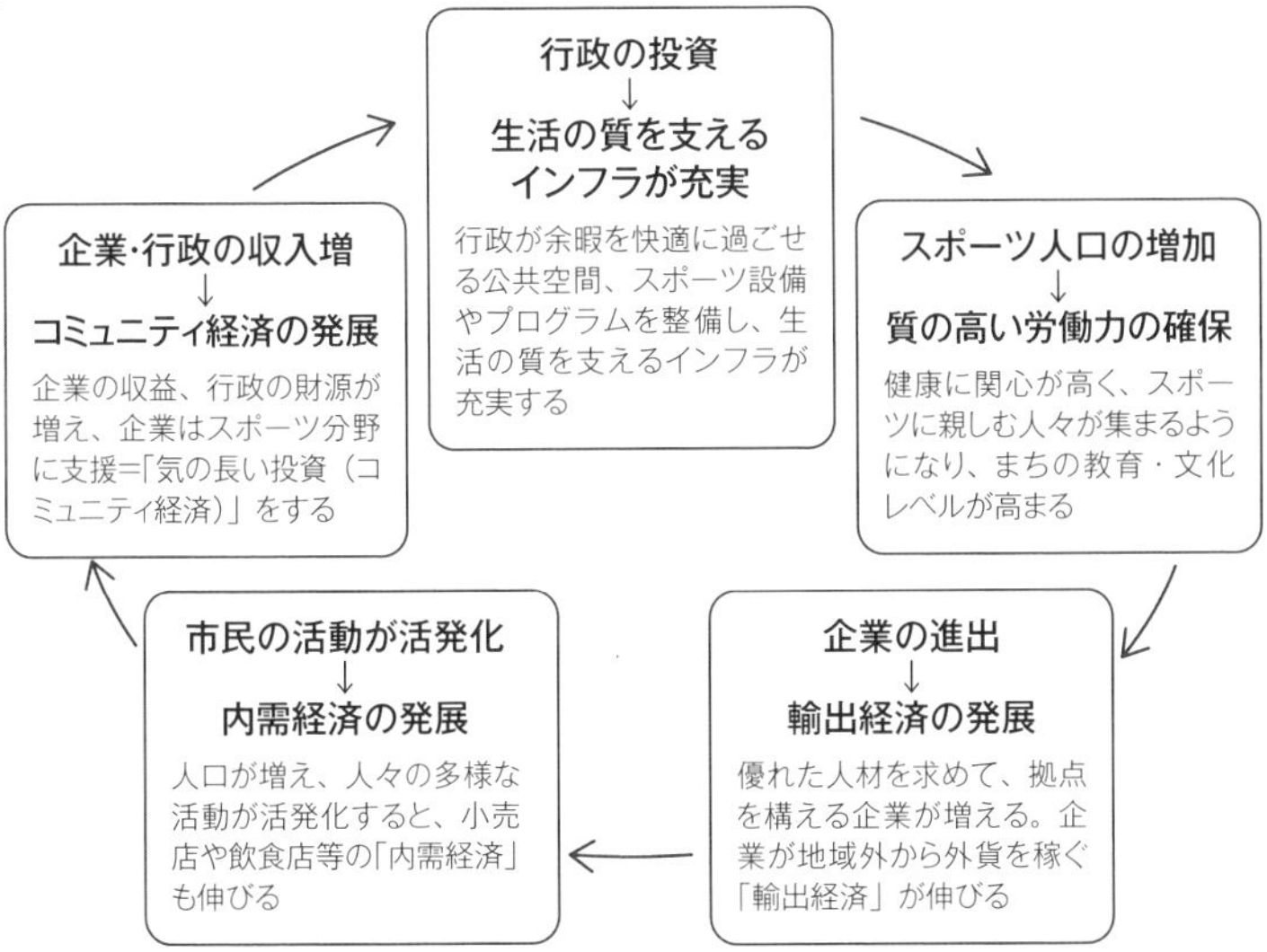
行政の投資
↓
生活の質を支える
インフラが充実
行政が余暇を快適に過ごせる公共空間、スポーツ設備やプログラムを整備し、生活の質を支えるインフラが充実する
スポーツ人口の増加
↓
質の高い労働力の確保
健康に関心が高く、スポーツに親しむ人々が集まるようになり、まちの教育・文化レベルが高まる
企業の進出
↓
輸出経済の発展
優れた人材を求めて、拠点を構える企業が増える。企業が地域外から外貨を稼ぐ「輸出経済」が伸びる
市民の活動が活発化
↓
内需経済の発展
人口が増え、人々の多様な活動が活発化すると、小売店や飲食店等の「内需経済」も伸びる
企業・行政の収入増
↓
コミュニティ経済の発展
企業の収益、行政の財源が増え、企業はスポーツ分野に支援=「気の長い投資（コミュニティ経済）」をする

図4　健康・スポーツに関心の高い市民が多い都市ではクオリティ・ループが機能する

エアランゲン市ではこの「クオリティ・ループ」が比較的スムーズに機能しているといえるだろう。

これからの都市づくりにスポーツが欠かせないという考え方は、行政や関連組織が公表している各種の報告書や声明文などでも確認できる。ドイツ・オリンピック・スポーツ連盟、ドイツ都市協会、ドイツ市町村協会が２００４年に協定を結んでいるが、その覚え書きでも、スポーツが社会に不可欠なものと規定され、スポーツクラブが社会関係資本の大きな源泉であることが明記されている。また、スポーツに関する取り組みを重要な都市政策の一つと位置づけている。

このように、スポーツはこれからの都市づくりに欠かせないインフラなのである。

おわりに

ドイツも大小様々な問題を抱えているが、理念や理論に基づいた目標を立て、それを社会に実装しようとするプロセスがうまくデザインされている。この過程で多様なステークホルダーが議論を重ね、連携が促進される。これこそが、ドイツ社会のダイナミズムであり、地方都市の自律性を支えている。

本書は、ドイツにおいてスポーツや健康が都市の発展にどのように関わっているかをテーマにしているが、ドイツより高齢化が進む日本では、人々がまちに出かけてスポーツ活動に参加し、健康に暮らすことが、医療費・介護費を削減する上でも今後ますます求められるようになるであろう。本書が、スポーツや健康によってまちの持続可能性を高める活動に取り組む読者の刺激になれば幸いである。

最後に、謝辞を記しておきたい。学芸出版社で本を出すのはこれで3冊目だが、編集を担当いただいた同社の宮本裕美さんと森國洋行さんにはお世話になった。それから、一時帰国のたびにスポーツ分野の研究者や専門家の友人・知人たちと議論を重ねて刺激を受けているが、彼らとのそうした議論も本書には反映されている。また、ドイツでも大変多くの方々にお世話になっている。

「TV1848エアランゲン」のヨルク・ベルクナーさん、ヴォルフガング・ベックさん、エアランゲン市スポーツ部のウルリッヒ・クレメントさんをはじめ、多くの方々に取材に応じてもらった。また、それだけではなく、彼らと日頃まちで顔を合わせて交わす何気ない会話がドイツのスポーツ文化の理解につながった。

そして最後に、いつも応援してくれている妻・アンドレアに感謝したい。とりわけドイツ社会の細かい機微を理解するのに彼女との議論は楽しく、そして貴重だ。

2020年3月

ドイツ・エアランゲン市にて　高松平藏

主な参考文献

・Michael Barsuhn (2016) *Sportentwicklungsplanung als ein strategisches Steuerungsinstrument für kommunale Sportverwaltungen: Empirische Bedarfsermittlung für ein Studiengangsmodell "Kommunale Sportentwicklungsplanung"*, Lit Verlag

・Jürgen Dieckert, Christian Wopp (2002) *Handbuch Freizeitsport*, Verlag Hofmann Schorndorf

・Wolfgang Beck (1998) *TVE 1848. 150 Jahre Turnverein. TV 1848 Erlangen. Festschrift.*, Turnverein 1848 Erlangen

・上山安敏（１９９４）『世紀末ドイツの若者』講談社

・小原淳（２０１１）『フォルクと帝国創設　十九世紀ドイツにおけるトゥルネン運動の史的考察』彩流社

・加藤元和（１９８５）『カール・ディームの生涯と体育思想』不昧堂出版

・森貴史（２０１７）『踊る裸体生活　ドイツ健康身体論とナチスの文化史』勉誠出版

高松平藏（たかまつ・へいぞう）

ドイツ在住ジャーナリスト。1969年奈良県生まれ、京都の地域経済紙を経て、1990年代後半から日独を行き来し始める。2002年からエアランゲン市に拠点を移し現在に至る。一時帰国のたびに大学や自治体などを対象に講演活動を行っているほか、同市でもセミナープログラムを行っている。著書に『ドイツの地方都市はなぜクリエイティブなのかー質を高めるメカニズム』『ドイツの地方都市はなぜ元気なのかー小さな街の輝くクオリティ』（以上、学芸出版社）ほか。
ウェブサイト「インターローカル・ジャーナル」
https://www.interlocal.org/

ドイツのスポーツ都市
健康に暮らせるまちのつくり方

2020年3月25日 初版第1刷発行

著者	高松平藏
発行者	前田裕資
発行所	株式会社 学芸出版社
	京都市下京区木津屋橋通西洞院東入
	電話075-343-0811　〒600-8216
編集	宮本裕美・森國洋行
装丁	赤井佑輔（paragram）
DTP	梁川智子（KST Production）
印刷	オスカーヤマト印刷
製本	新生製本

ISBN978-4-7615-2736-5